記念我的教牧學老師

萬崇仁牧師（1953～1991）

教會重塑系列

教會不在場

崇拜、宣講與牧養的再思

鄧紹光 著

▼

Re: 教會重塑系列

教會不在場

崇拜、宣講與牧養的再思

The Absence of the Church

Reflections on Worship, Proclamation and Pastoral Ministry

作者

鄧紹光 Andres S.K. Tang

責任編輯

梁冠霆、吳國雄

裝幀設計

奇文雲海 · 設計顧問

■

出版 / 發行

基道出版社

香港沙田火炭坳背灣街 26 號富騰工業中心 1011 室

LOGOS PUBLISHERS

Unit 1011, Fo Tan Ind. Centre, 26 Au Pui Wan St., Shatin, Hong Kong

電話：(852) 2687-0331　傳真：(852) 2687-0281

網址：http://www.logos.com.hk

承印

陽光印刷製本廠

●

10/2009 初版

Cat. No. LP369A

ISBN: 978-962-457-387-9

Printed in Hong Kong

刷次	11	10	9	8	7	6	5	4	3	2
年份	2024	2023	2022	2021	2020	2019	2018	2017	2016	2015

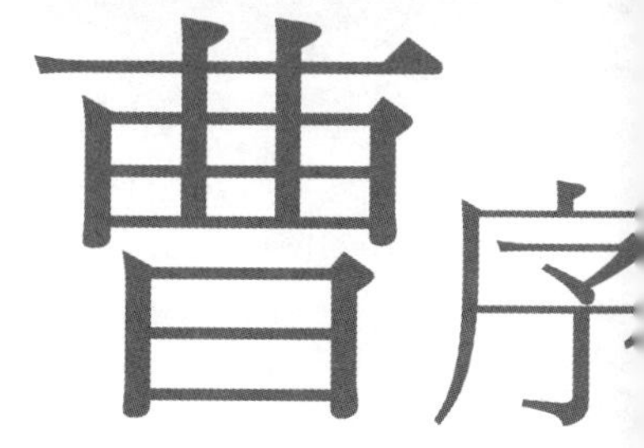

曹序

由風聞至認識紹光已有十多年。那時，他剛從聖安德烈大學（University of St. Andrews）畢業，返港任教後寫了莫特曼（Jürgen Moltmann）和潘霍華（Dietrich Bonhoeffer）等的專著和文章。我開始「知道」紹光的風格是源於閱讀其於《時代論壇》的一些文章。一九九七年，我在美國華柏拉蘇大學（Valparaiso University）教學時，因沒有《時代論壇》在手，所以託請溫哥華的朋友把紹光在《時代論壇》發表的一些關於潘霍華思想的文章，傳真過來給我細讀。我就是這樣開始「知道」紹光。紹光談論潘霍華的文章給我留下深刻的印象。我看見紹光的率真：洋洋灑灑地評論當代華人學者對潘霍華的見解和論著；毫不忌憚地與眾前輩「砥礪一番」，不無「不譁眾取寵」的辛辣筆觸。

一九九九年，我正思想是否回港投入華人神學教育，道風山基督教叢林約請我主講一個研討會，主題是潘霍華的責任倫理。那次演講，紹光也出席參與。這是我真正「面對面認識」紹光的開始，屈指一算，至今已有十年了。當時我心想紹光的出現，必然意味他會「不譁眾取寵」地狠批我文章的欠缺不足。怎知紹光「溫文」的回應和肯定，叫我意外。他對潘霍華的理解，竟跟我所報告的十分接近。自此之後，我們的情誼便逐步發展。

接著二〇〇一年一月，我應邀在中國神學研究院的「蘇恩佩文化與倫理講座」中擔任回應講員。演講後我駕車離去，順道載紹光返他的九龍灣住所。途中他談及返回「浸信會家庭」和任教「浸神」的可能性。大約經過一年的禱告和等待，他決意下山到海邊的「浸神」任教，與我同事。

在「浸神」共事七年，我和紹光有很多真誠坦白的生命交流和切磋學問的機會。我們一同擬定《山道期刊》的一些主題，討論神學學苑的當今議題，交流思想心得。因此，我也逐步更為認識他的神學。我的觀察是：在信義宗神學院的日子，紹光主要從事神學比較，較喜愛基督教神學與儒、釋、道的比照，尤其醉心於莫特曼、潘霍華、根頓（Colin E. Gunton）和牟宗三的創意性的對話比較；在「浸神」的日子，他少作比較性的研究，卻轉向教會神學的建設。

這段在「浸神」一同事奉的年日，我與他有一些批判性的交流。我們的思考方式不是全然相同，卻彼此尊重。我欣賞他的博學多聞和創意思維，他也肯定我的專注一方和考據詁訓的工夫。我們發現，雖然我們的個性和學問有所不同，但亦有重疊，尤其是對「教會神學」的關注和建立。

事實上，「浸神」的脈絡不知不覺間形塑和匯聚了我們的神學定向。七年間，我們都共乘「浸神」「方舟」，乘風破浪，經歷上帝的權能，神學的定位因變改而同一。我對紹光說：「你的神學有很大的轉向；從前你做很多比較的工作，但在『浸神』，你的神學焦點愈來愈放在教會上。」這是紹光做神學的一個很重大的改變。

究竟紹光如何看教會現況呢？許多時候，他既兼容並蓄地吸收，卻又批判性地使用莫特曼、潘霍華、麥乾頓（James Wm. McClendon, Jr.）、根頓、侯活士（Stanley Hauerwas）等神學家的思緒心得，將這些神學資源落實在華人教會的現況分析上。這些言論，有時候不免帶有紹光的「不譁眾取寵」的辛辣，有時候又閃爍著他那可愛的率真，就正如他在《時代論壇》議論當下華人學者對潘霍華的見解時一樣。這種形態在本書——《教會不在場》——是清晰可見的。他說得清楚：「這本小書雖然距離鞭辟入裏很遠，但是自信還是忠實於所相信的神聖事物及實在的秩序，而不譁眾取寵，念茲在茲的，只在於生於聖道與聖靈的教會，是否也念茲在茲地歸回又活在三一上帝恩典的經世活動之中，認識自己的本性與應當踐行的事工，而避免落入『我們都被逼在沒有恰當的合宜的聖經 / 信仰 / 神學知識的情況下做決定』。」（頁202～203）讀者若看得細緻一點，可隱約瞥見紹光取了莫特曼的終末式神學（eschatological theology）、潘霍華的社羣神學（theology of sociality）和根頓的三一式神學（trinitarian theology）所涉及的上帝論、基督論、拯救論的養分，將其延展到教會的本性和職事的探討和討論方面。此為紹光的率真治學背後的「百通」特性（「百通」是「浸神」友人給他的美名）。

紹光來到「浸神」，明確地開展了他神學旅程的新一程。「浸神」是他繼續與我們一同成長的地方，是他所關注和鍾愛的信仰羣體，他生活其中，成長其中。我看見：這樣的成長經驗深刻地改變了他的神學走向，《教會不在場》一書便是他的教會神學的一個新開展。他的神學改變實在是上帝在他身上的變改，也是我們一羣友人帶給他的影響和改變。他的改變也成為我們的改變，他也成為了我們的改變，標記著一羣神學工作者在「浸神」裏同心同德的成長歷程。因此，細讀這書，讀者可進一步認識紹光其人及其神學發展，也認識他的朋友和學生所繼續踐行的信仰路。

我展望，教會神學是紹光將繼續墾拓的神學園地，他的努力將會成為我們的榜樣，也會在「教會神學」的路向上引領我們，標誌著華人教會神學的發展。願上帝更使用紹光，成為我們的前行者。

感謝上帝，讓我與紹光為友十年。十年的友情是珍貴的，我展望另一個十年，可與他共同發展教會神學的新頁後的新頁。

曹偉彤

二〇〇九年九月十四日

香港．西貢（北）．西澳

代序

神學教授職事的反思

昔日古希臘哲學家亞里士多德（Aristotle）說過這樣的名句：「吾愛吾師，吾更愛真理。」站在基督信仰的立場，我們可以稍為修改這句說話，以便表達我們的看法：「吾愛吾師，吾更愛基督。」為甚麼可以作出這種修改、挪用呢？因為約翰福音告訴我們，耶穌基督自己就是真理。當然這真理不是一般的命題式真理（propositional truth），而是真實的實在（the true reality）。在耶穌基督身上，顯明的是真實無虛妄的生命、實在，也同時映照出虛假、扭曲、妄謬的生命、實在。按照約翰福音的用詞，前者是光明，後者是黑暗；按照保羅的說法，前者是屬聖靈的，後者是屬血氣的。

那麼，以上所講的，跟本文要談的主題——神學教授職事的反思——有甚麼關係呢？「吾愛吾師，吾更愛基督」，跟神學院教授有甚麼相干呢？從字源學來說，professor 一字原出於十四世紀的拉丁文，原來的意思是指那些曾對基督宗教修會作出誓願的人。這明顯是指那些對某一種基督信仰傳統委身的人。後來這字進一步指那些公開表示基督信仰的人。輾轉之後，此字又指那些把自己所相信的知識公開講授的人，當然，這知識又首先指的是信仰的知識。值得注意的，倒是這「公開講授」的舉動。換句話説，professor 指的是擁有知識懂得真理的人，他們沒有把知識、真理私有化，反而是透過公開講授、教導，讓更多人得益。這樣一來，教授，特別是神學教授，他們不單委身於其所相信的真理：耶穌基督，並且又公開教導這真理。

然而，讓我們還是首先再次回到 professor 原初那種擁有知識、委身真理的意義上進深發掘。professor 同時含有擁有（professing）的意思，但這種擁有不是主體與客體的關係，這種關係是外在的。我們這裏要說的擁有是一種內化的舉動，知識成了生命之所依而不可分離。這樣一來，擁有知識就不是離開無知那麼簡單，而更是拯救生命的舉動，而這在基督信仰尤其真實。認識基督，就是獲得拯救。這樣的認識是一種投入生命並委身其中的認識，這種知識可稱之為拯救的知識。甚至，我們在這裏要倒過來說，並不是我們擁有拯救的知識、真理，而是拯救的知識、真理擁抱我們，叫我們得生命。professor，因此是一個被叫人得救的知識、真理所擁抱的人。神學教授是一個被拯救知識和真理滲透的人。他是在基督裏的人。

然而，拯救知識之所以為拯救知識，不因只是恩典、並且同時為審判。它既是好消息，也是壞消息，兩者不相分離。沒有對罪惡的審判，恩典就沒有意義。所以，拯救知識不單揭露人的罪惡，並且批判罪惡，但恩典卻是不相稍離。揭露罪惡、批判罪惡，然後叫人承認罪惡而悔改，恩典就臨到赦免罪人。真理必然照出虛妄假像扭曲的生命。如果拯救知識的特性是這樣子的話，那麼被拯救知識所擁抱的教授，他自然就會活出這種生命的特性，與真理一起揭露和批判罪惡，當然也顯明拯救生命的恩典。這是神學教授的必然責任。

在這裏筆者想起二十世紀的德國神學家巴特（Karl Barth）。他說過：「科學的教義學必須全然投身於批評及糾正教會的宣講而不只是重複地闡釋其宣講。」（*Church Dogmatics* I/1, 281）神學院教授豈不正是以此為職志的嗎？巴特講的科學的教義學是一種神學知識，一種追隨上帝的啟示——耶穌基督——而思的知識。這是一種信仰的知識，這是因著追隨基督而來的知識。按照另一位二十世紀德國神學家潘霍華所講，這追隨基督既是信靠亦是順服的舉動。職是之故，信仰的知識也是順服的知識。沒有順服基督，也就不會認識上帝，不會被真理擁抱。再進一步而言，因為順服，所以也是實踐；跟隨耶穌基督一起在人世間實踐上帝的誡命，而對於神學教授來說，這又首先指的是教導上帝話語的工作。而所謂教導上帝的話語，就如巴特所說的，並不是重複地闡釋教會的宣講，而是根據上帝的啟示，追隨其後以批評及糾正其宣講。而在此批評及糾正之先，則是正面地表述這隨後而思的信仰知識，就各種場合以各種合宜的方式教導、講授。

由巴特的這一講法，我們可以上溯宗教改革時期的加爾文（John Calvin）。加爾文指出在基督的三重職事之中，除了祭司和君王是獨自由耶穌基督所成就之外，先知的職事於今仍然是教會所要與耶穌基督共同實踐的。加爾文甚至指出，這是今天教會不可廢去的職事。那麼先知的職事是甚麼？教導是也。而教導不是別的，乃是教導上帝的話語。這教導不是一般的知識傳遞，而是正面地表述隨後而思的信仰知識，並對信仰羣體的種種宣講及實踐作出批判與糾正。教會的先知職事，恐怕是神學教授責無旁貸的職事。如上所言，如果教授的原意是委身於某一傳統的信仰，為基督的真理所擁抱，浸淫其中，並且公開地教導、傳講這一真理，那麼神學教授就應該是教會這先知羣體中的先知、先知中的先知，與耶穌基督一起履行這職事，然後讓耶穌基督去成就一切先知所教導與批判的。舊約中的先知正是重新解釋律法的指引及糾正以色列人的生活，同樣地，新約以至今天的信仰羣體，也繼承先知這重職事，而神學教授則是其中的表表者。

回到本文的題旨，簡單來說，神學教授的職志與責任就是公開地宣講在耶穌基督裏的真理，而不遮掩真理，更不是扭曲真理；藉此，真理的光可以照進虛妄的黑暗之中，可以照出一切罪惡的假相。因此，教導、講授信仰知識必然同時揭露人生種種的假相，包括信仰羣體中許多錯謬的宣講與實踐。神學教授的工作就如光照進黑暗之中，要驅除黑暗，讓生命在拯救的知識中得到端正、更新，不再一樣。沒有人可以褫奪這樣的一種職事，因為這是舊約先知職事的延續，並由新約的基督所再次確定。是以，神學教授如此這般的實踐，乃是理所當然的。只有這樣，才是忠於教會的主——耶穌基督，又能服事教會這信仰羣體，讓她走在上帝心意之中。

二〇〇八年一月三十日

（原刊於《時代論壇》第1077期〔2008年4月20日〕）

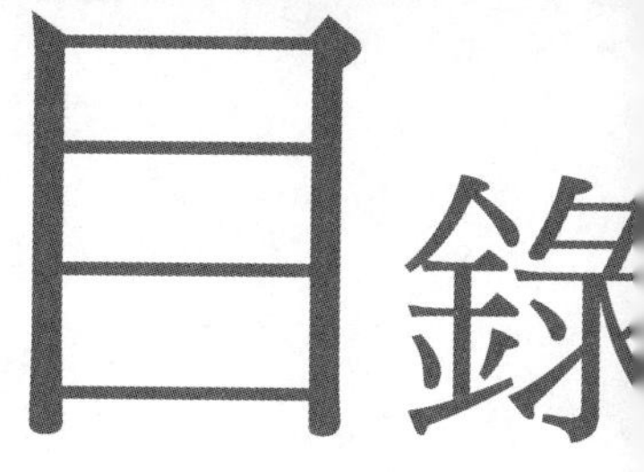

I

踐行的教會

烏合之眾？
——沒有教導，何來教會！

一、教會何為？

教會何為？教會應該做些甚麼呢？這是教會職事（church ministry）的問題。當然，純粹從現象來說，言人人殊，各自表述，也各自實踐，自成一路。可是，如果大家覺得這也沒有所謂，各師各法，反正只要打著教會的旗號，得到教會（會友大會也好，執事會堂議會也好）的批准就好了。教會所作的總不會差到甚麼地步上去的。當然，各師各法固然可以是真的，但背後的想法卻很可能如出一轍：教會在數量上不斷增長。原則上筆者並不反對教會量上的增長，但卻附加條件：就是增加了的並非「烏合之眾」而是追隨基督的門徒，而這種增加並非人的方法和策略所可以奏效的。這其實涉及何謂教會的問題。沒有弄清楚教會的本質或存有、本性（being），就胡亂回答「教會何為？」這問題，恐怕沒有實踐信仰思考（faith thinking），從信仰的角度來思考教會的本性，然後方才確定教會的職事。這就很容易倒轉過來，以教會的作為來界定教會的本性，這不免是本末倒置了。這樣的思考模式其危險乃在於，一旦離開了信仰所界定的教會本性，以及其後應有的職事，那麼是甚麼來決定教會的作為呢？是這個世界的世界觀和價值觀？是我們自己的理想和野心？這種情況我們可以舉一簡單例子予以說明。宗教改革家加爾文（John Calvin）說過：「人不認識上帝，就不能認識自己。」從基督教的信仰來說，我們不可能離開信仰所界定的人而只看人的作為，我們不可能離開人與上帝的關係而可以了解人自己。我們不可能在完全不認識上帝的前題底下而能夠恰當地認識自己。因此，教會不能只著眼於自己的事工而忽略了自己與上帝的關係，套用加爾文的說話，我們可以這樣肯定：「教會不認識上帝，就不能認識她自己。」教會若不認識自己，那麼她的言行又如何可以被判斷為活出其自己的本性、合乎上帝的心意呢？她如何可以為其一切的事工作出合理的解釋，表示這跟教會的本性相關？

二、那麼，何謂教會？

那麼，何謂教會？教會的存有、本性是甚麼？我在這篇文章主要想從加爾文的觀點來思考這問題，並由此而涉及教會的職事——教導（以及宣講）的職事。許多人都知道加爾文說過：「當我們看到有人單純地傳揚並聆聽上帝的道，並看見他們按著基督的設立而施行聖禮的時候，便無可置疑地看到上帝教會的存在。」這無疑是表示，離開了聽見和看見的上帝的話語：恰當地宣講聖經和施行聖禮，教會是不存在的。這裏的不存在意指的是真正的教會不存在，所存在的只是烏合之眾的罪人羣體。這其實就是說，上帝的話語是惟一的決定性因素，使得教會成為教會，即是，教會是在上帝的話語之中不斷生發的，離開了上帝的話語，教會就不是教會了。教會的本性、存有是在生發之中的（the being of church is in becoming），而這即是二十世紀另一位神學巨人巴特（Karl Barth）的觀點：教會並非一種建制，而是一生發的事情；使得教會生發的乃是上帝的話語和聖靈。上帝透過聖靈在基督裏生發教會。這樣一來，教會之生發乃是基督信徒生命的生發，乃是基督信徒與上帝之間的生命連繫的生發，乃是基督信徒信靠上帝之生發。而這種生發，對加爾文來說，乃在於藉著對上帝真正的認識。但是，離開了基督，我們再別無通道可以認識上帝，因為基督是上帝的形象，只有藉著祂我們才能真正認識上帝。這種知識可稱為上帝拯救的知識（redemptive knowledge of God）。只有透過耶穌基督的中保工作，才能把上帝那創造的心意和保守的看顧，傳遞給我們，而我們才可以完全體會上帝的憐憫與恩慈，並願意全然向祂委身。這是一種讓我們回轉歸向上帝的知識，讓我們開眼看見開耳聽見上帝的慈愛與憐憫，但這看見和聽見卻不是一種站在超然地位的看見和聽見，而是在上帝的慈愛與憐憫之中的看見和聽見。換句話說，這是一種體知，一種親身參與的知識。只有在上帝的慈愛和憐憫之中我們才會恢復對上帝的認識，事實上，這是同時發生的。更為重要的是：這一切得以可能，乃在於耶穌基督這一中保；人墮落之後，我們只能在基督裏完全地和真正地認識上帝，得到拯救。然而，沒有傳講的，誰能知道呢？沒有教導的，誰能明白呢？沒有傳講和教導的，如何生發出教會這基督信徒的羣體呢？

三、沒有教導的，誰能明白呢？

對加爾文來說，基督的職事正是教導祂所成就的敬虔的生命及拯救的福音。前者是基督的教導職事，後兩者分別是其君王職事和祭司職事，合而稱為基督的三重職事。這是說，基督不單實現舊約預表的君王和祭司的職事，祂更教導教會祂所完成的這些職事的意義，因此加爾文稱基督為上帝的「大使及解釋者」(God’s ambassador and interpreter)。而更為重要的是，加爾文認為教會中的教師都跟基督的教導職事有分。簡單來說，因為基督教導，所以教會教導。基督的教導使得教會生發出來，並且引領教會學效她的頭，有分於基督的教導。加爾文稱基督教導的職事為先知的職事，因此教會的教導職事也是如此，她像約翰福音中的基督，祂教導祂自己的事情，教導基督所成就的福音，以致我們才可以在祂的死和復活中獲得拯救，不再被罪奴役，得以自由。加爾文強調基督不但成就福音，並且教導我們好叫我們能夠知道把自己交託給祂。我們是在教導之中被福音釋放，成為基督身體的一分子，並共同聚集於這位拯救我們的教師底下，繼續彼此教導，以及向未聽聞基督福音的人傳講及教導。這就使得教會生發起來而為一持續不斷的事件，而非一烏合之眾而成的羣體。

加爾文在註解約翰福音十章那段關於好牧人的經文時，展開了他對教會傳道牧者在有分於基督教導職事上的看法。他把耶穌基督細心看顧祂的羊羣、醫治他們的創傷，跟那些上帝所任命但卻失職的牧者傳道相對比。加爾文在界定「牧養」教會這角色時，主要是出之於教導的職分、失職的牧養教導錯誤的信仰，以及好牧人帶領羊羣朝向基督。這裏顯示出教導的重要性。我們的教會傳道牧者以甚麼來牧養羊羣呢？我們按時分糧，但我們分派甚麼貨色的糧食給羊羣呢？是上帝的話語嗎？抑或摻了水的話語、扭曲了的話語，還是以假亂真、以偏蓋全的虛妄話語呢？只有耶穌基督才是好牧人，因此牧者傳道的責任、使命，並非當教會的頭，他們的惟一職事是教導及宣講上帝的話語。加爾文清楚表明惟獨基督是教會的監督，惟獨祂為羊羣捨命，教會中的好牧人殉道只是作見證，而不是好像耶穌基督那樣流出寶血潔淨我們的罪過好叫我們與父上帝和好。只有耶穌基督才是教會的頭，但祂卻跟牧者傳道分享祂教導福音的職事，引導人認識基督拯救的工作而獲得新的生命，叫教會的基督信徒不斷因著宣講和教導上帝的話語而走在成聖的道路上面。教牧傳道如此實踐教導的職事，基督的教會就在生發之中，而為真正的教會。

四、沒有教導，何來教會？

沒有教導，何來教會？教導的職事若非惟一的，那麼它至少是核心的，不可或缺的，是一切教會事工的匯聚之處，或是一切教會事工都應為之滲透的。理由十分簡單，沒有教導上帝的話語，真正的教會就不會生發出來，結果只會淪落而為烏合之眾的罪人羣體。因為沒有宣講和教導叫人得救的知識、耶穌基督的福音，後果自然是失落救恩，而有分教導職事的傳道牧者，恐怕責無旁貸。教會何為？教會，教導而已。

倫理的教會：即興的實踐

一、教會以外別無倫理

教會是甚麼？倫理是甚麼？簡單來說，倫理並沒有哲學的倫理（philosophical ethics）和基督教倫理（Christian ethics）之分。我這是站在巴特和侯活士（Stanley Hauerwas）的立場說話。倫理只有一種，那就是教會的倫理。古教會曾經說過下面一句惹人誤解的說話：「教會以外別無救恩。」我們現在也可以順著這句話進一步表示：「教會以外別無倫理。」然而，「教會以外別無倫理」的意思是甚麼？這句說話的意思要從「教會以外別無救恩」說起。

救恩從哪裏可以看見？離開教會——信仰羣體——我們並不能看見救恩。上帝在基督裏透過聖靈呼召教會出來，救恩就在當中呈現。離開了上帝在基督裏透過聖靈的呼召，就再沒有教會了，救恩就不再臨到當中，也再不可見了。然而，上帝卻恆常地呼召，而教會也恆常地回應，活在基督及聖靈裏，於此，我們也可以恆常地看見救恩。在這裏，教會是上帝在基督裏實現（realize）及在聖靈裏落實（actualize）其救恩的成果。這是潘霍華（Dietrich Bonhoeffer）博士論文《聖徒相通》（*Sanctorum Communio*）第四章所論及的。

救恩是倫理的。因為救恩是上帝藉著聖靈在基督裏賜給我們的恩典，叫我們可以與上帝和好，這是神聖的倫理（divine ethics），是我們教會這個信仰羣體不斷傳講及活在其中的好消息。教會的生命是由此而生的。救恩是倫理的，也指到這種神聖倫理的救恩在生發、塑造人間的倫理（human ethics），或是使得人間的倫理得以可能。大抵我們可以說教會這個信仰羣體的倫理，乃是救恩的倫理，或是恩典的倫理。救恩的倫理特別意指到神聖的倫理，而恩典的倫理卻可以同時涉及神聖的倫理與人間的倫理。於是，我們也可以進一步說，救恩的倫理、恩典的倫理也只有從教會這個信仰羣體方才可以得見，因為她本身就是生於神聖的倫理及活在其中，並且因為神聖的倫理乃一恩典的倫理，所以她也必然地實踐人間的倫理，於人間倫理的實踐中叫上帝的恩典可以得見。

回到本文開首的問題，教會是甚麼？倫理是甚麼？經過上述的討論，我們可以得出一個答案，就是兩者是不能被分割來了解的。這裏沒有外於教會的倫理，所以我們說，教會以外別無倫理；但另一方面，這裏也沒有外於倫理的教會，所以我們也可以倒過來說，倫理以外別無教會。倫理，必然是教會的倫理；教會，必然是倫理的教會。教會與倫理，兩者須臾不離。

二、倫理是即興的實踐

上面我們也曾說過，教會之生成乃在於恆常地回應上帝的呼召，活在基督及聖靈裏。這是如何可能的？簡單來說，教會這信仰羣體之不斷生成於歷史時空之中，乃在於其恆常不斷地講述及聆聽在成文聖經所見證、記載的上帝的敍事或戲劇：創造世界、以色列的經歷、耶穌基督的一生、教會的現身、終末的實現。教會是活在上帝這五幕故事之中的第四幕，上帝透過聖靈在基督裏生了教會，也將繼續不斷地生成這個教會，直至終末的完全臨在。教會這信仰羣體的生成是三一上帝的工作，但三一上帝是藉著成文聖經的講述來不斷呼召教會、建立教會、育養教會，教會也在講述的當中不斷聆聽，以致塑造自己、形成自己、更新自己。這是一不會停止的歷程，直至上帝的第五幕劇降臨為止。

讓我再次重複，三一上帝在歷史時空之中不斷生成的教會——信仰羣體，乃是倫理的羣體，別無其他。於是，我們要談倫理，就只能在這樣的倫理羣體中來談了，特別當我們關心的不純只是倫理理論，而同時是倫理實踐，甚至從根源上來說（speaking radically），倫理實踐較倫理理論 / 反省 / 言說，更為優先。因此，離開了倫理實踐的信仰羣體，根本不可能言說倫理，否則只會落在一種抽離的玄思談論之中，或是僅僅從人自身出發而以為人即可判斷是非對錯。上述這種情況尤可見於啟蒙時代以來的哲學的倫理，如康德（Immanuel Kant）即為一例，而倫理抉擇（ethical decision making）又為另一例。二者相同之處在於抽離羣體的倫理實踐而以普遍理性來作出倫理決定。前者是訴諸於普遍的道德實踐能力，後者則歸於理性地衡量各種因素及利害而作出計算式的選擇。

然而，教會倫理之實踐真是這樣子的嗎？特別真是這麼理性的或計算的嗎？抑或它在根源上是即興的（improvisation）？即興的倫理實踐，因為是生命自然的流露，故非造作式的反思及計算；但這種即興的實踐並非出自普遍先驗超越的人性，而是來自神聖倫理及人間倫理的塑造，換句話説，來自這個倫理實踐羣體的育養。即興的倫理實踐並非任意的或隨心所欲的，但卻是對應處境的。倫理實踐的具體處境總是在計算之外的，因為沒有兩個具體處境是完全相同的，所以總是在過去經驗之外的，也總是在一切理性計算之外的。我們沒有上帝的眼睛。是的，任何對應處境的倫理實踐，必然是即興的。可是，這被視為即興的倫理實踐，其實自有其活水源頭——信仰的倫理羣體、救恩的倫理羣體。

這個領受又分享恩典的羣體，在聆聽及順服上帝的話語之中習得其德性並實踐其德性，由此而可以在各種具體的處境中，應對而不窮 / 不累，遊刃而有餘。這種即興的實踐，表面好像把抽象的理論應用於具體的處境之中，實質卻是信仰生命於生活處境中的活現，這裏邊涉及的與其是理論言說，不如說是實踐智慧，一種叫人感到驚訝詫異的實踐智慧。即興的實踐乃是源自倫理羣體的恩典德性而為恩典德行。因為是恩典，所以叫人驚訝；因為是即興的恩典實踐，所以叫人意外難測。恩典的即興活現，總是不可測度、在一切計算之外的，而這正是倫理教會其倫理實踐的本質所在。

是以，教會以外別無倫理，而其倫理不過是即興的實踐。

教會內外的踐行

一、引言：從跨作者跨書籍談起

史蒂文斯（R. Paul Stevens）的《解放平信徒——全民事奉無分聖俗》（*Liberating the Laity: Equipping All the Saints for Ministry*；顧樂翔譯〔香港：Vocatio Creation，2009〕），其實很可以跟威爾遜（Jonathan Wilson）的《真的上教會？——教會教拜、事奉與使命的重塑》（*Why Church Matters: Worship, Ministry, and Mission in Practice*；陳永財譯〔香港：基道出版社，2008〕）交叉或平行閱讀，而可以互相啟發。我在這裏主要介紹史蒂文斯一個關於「教會」的觀念，然後運用威爾遜的教會踐行觀（a concept of practices）來加以解說。

但究竟史蒂文斯的教會觀跟威爾遜的教會觀在哪一點或哪一個看法是可以相遇接合起來的呢？

二、教會內在踐行與外在踐行的關係，以及踐行的目的

史蒂文斯的教會觀在我看來十分重要的一點是：教會是聚與散的教會，或很多年前所講的內程（inner journey）與外程（outward journey）；但聚與散、內與外為的是甚麼呢？有甚麼目的呢？要完成甚麼呢？有甚麼使命呢？這涉及目的（*telos*）的問題。

由此我們可以進到威爾遜的教會觀，「目的」是威爾遜所強調的。教會的聚與散、內程與外程都分享同一目的，只有實踐 / 踐行這一目的，教會才是真正的教會，或教會才活出上帝心意中設立教會的本性，教會才成為教會。這目的是上帝所給予的，而不是教會自己設定的。

這目的就是見證上帝的國度，那麼內程跟外程有甚麼分別？內程如何見證上帝的國度？外程如何見證上帝的國度？兩者有甚麼關係？我們可以用類比來了解，就如籃球集訓與籃球比賽。

沒有訓練，就沒有能力；單是這集訓，建立品格、建立隊工、建立羣體生活等等，就是見證上帝的國度。在教會的內程中或聚集中就是作訓練，內化上帝國度的語言、價值、做事方式、與人相處的方式等等。這訓練就是「踐行」。這「踐行」聚焦於「崇拜」、「教導」及「禮儀」（洗禮、主餐、洗腳禮），並分別循兩條路線、兩個方向操練生命：上向——愛上帝、橫向——彼此相愛。由此而內化信仰的價

值，轉化生命，並成為日常的生活方式。

上帝的國度比教會更大，教會不等於上帝的國度，因此教會要散入人羣，散入日常生活，在人羣中及日常生活中見證上帝的國度。傳福音、社會關懷，在家庭、在工作崗位、在學校、在朋友間、在社會……這是言與行的「踐行」。但在教會的外在踐行，在人羣中的及日常生活中的踐行之所以可能，之所以有能力，之所以可以加力，是在於恆常回到聚集的教會，接受「訓練」的踐行。

教會的內與外、聚與散，都有同一目的，就是見證上帝的國度，這兩者同樣是透過踐行而達致其目的的，而且這兩種形態的踐行是循環的關係。只重內與聚，那是只建立自己，而忽略教會的目的：是要主動讓世界可以看見上帝的國度；這樣，教會是不能真正建立自己，活出其真正本性。另一方面，若只重外與散，那是忽略了教會弟兄姊妹的生命需要「不斷」地被培育、更新、轉化以至內化上帝國度的價值、世界觀、做事的方式，結果在世界中生活便容易失去上帝子民的身分，沒有能力見證上帝的國度。

三、反省／啟迪

教會可以沒有牧者、傳道嗎？那麼，首先要問的是：牧者、傳道的工作是甚麼？對於第一個問題，答案是：不。因為對於第二個問題，答案是：牧者、傳道的工作就是裝備、訓練、培育信徒，可以在日常生活中生命有能力見證上帝的國度。而裝備、訓練、培育就是透過宣講、教導、禮儀等踐行來進行的。（詳參《真的上教會》一書。）

我們仍然用類比來解說這情況。牧者是籃球教練，信徒是球員。牧者熟悉、懂得一切籃球的技巧，並且知道怎樣訓練球員；掌握技巧，更重要是內化技巧，成為自己的一部分。隊員不一定知道怎樣去教導和訓練，但某些隊員要學習去反省這些技巧是甚麼，以及學習如何教導這些技巧、訓練這些技巧。這樣子，這些隊員就分擔牧者、傳道人的職責了。

如果牧者、傳道人不去宣講、教導、施行聖禮，進行門徒訓練，恐怕這已經是失職了，因為沒有「成全聖徒，各盡其職，建立基督的身體」（弗四12），使其有能力見證上帝的國度。

教會在地上城市的政治見證

一

我們現在談政治的問題，不能離開處境來講。政道何去何從？現在我們討論這個政治倫理的議題，並非只是為了更多了解、明白神學上對政治和教會之間關係的看法，這方面大家可以參看羅秉祥博士的《公理婆理話倫理》（香港：更新資源，2002）第九課「政教關係」。更重要的是，我們在「後七一」的處境中究竟應該如何參與政治？但為甚麼我們會以「後七一」來確定社會和教會的處境？又或是，我們在「後七一」的立法會選舉中究竟應該如何參與政治？但為甚麼我們會特別關心「後七一」的立法會選舉？我在這裏提出這些問題並非否定上述的舉動，而是想從另一方面指出，若沒有發生「七一事件」，會不會就沒有那麼關心「後七一」的政治局面？教會在社會政治的參與是否只有在某些所謂

「重大」事件、「危急」關頭底下方才再次成為話題，而不是在平常日子就已經不斷教導，以及作出見證？

這裏的問題是甚麼呢？教會（整體來説）的政治倫理的教導和實踐會不會只是事件式的？即缺乏一種日常生活的參與。好像只有出了問題，我們才會有政治倫理的教導和實踐，沒有問題也就無須在政治倫理方面有所教導。就好像因為教會婚外情愈來愈多，我們才會忙於從事婚姻倫理、性神學的反省，好像一切神學活動都只是為了回應某些具體處境，而沒有其自身的價值，譬如説，正面教導婚姻在讓人成為人的過程中的重要性，以及兩性差異與合一是上帝形象的精意所在，導引我們在認識自己對待異己的他者，有不可忽略的實踐意義。

這是我的第一個問題，即：教會的政治倫理實踐是否只能是事件式的而非日常生活性的？

二

我們現在談政治的見證。對許多信徒來説，這是一個教會向外的見證。當然，這是一個對外的見證。可是，難道這也不是一個教會向內的見證嗎？我在這裏談的不是個別的政治倫理事件，而是想要指出，政治的見證同時是教會內的和教會外的。當教會教導和實踐某種生活方式的時候，她其實是在同時向社會作出一種政治見證、表明一種跟社會不同的人際關係的羣體。在這裏，教會的教導和實踐既是內在彼此的見證，亦是外在對社會的見證，以具體的生活方式見證耶穌基督的經世活動，以及當中包括的種種價值與生命取向，期盼由此而有所轉化。

當政治倫理是一種生活方式，那麼就不可能只應用到教會之外的社會裏去，卻毫不考慮教會之內的實踐。我這樣的講法可能會讓人感到奇怪，難道教會不首先是信仰實踐的羣體嗎？我毫不懷疑教會乃信仰實踐的羣體，我提出的問題只是，信仰實踐的政治倫理性格是否充分展現於教會之內？充分的意思包括了闊度和深度。耶穌基督的經世行動展示的是一種恩典的生命實踐，而這在教會生活之中就是彼此擔當、相互守望。簡單來說，就是愛。在闊度上，這種實踐是否已經是日常性的；在深度上，這種實踐是否是毫無保留的付出。注意，我仍然是講教會內的實踐。抑或，在教會內的實踐，很不幸，仍然是個案式的、處境性的？出了問題，我們才開始教導和實踐，而不是日常生活性的，以致教會失去了日常性的倫理政治見證。

這是我的第二個問題，即：教會內的政治倫理實踐是否也只能是事件式的而非日常生活性的。

三

事實上，我是十分懷疑我們的教會的見證的，無論是教會內的或教會外的政治倫理見證。這裏面涉及一個對香港社會及香港教會的判斷。對香港教會的判斷建基於如下的一個假設事實：香港教會大部分或主流是由中產階級所組成的。在這個假設事實底下，我的進一步假設是，香港教會中的中產階級不單沒有擺脱中產階級的視野，並且進一步把這種視野帶進教會之內，使得教會的精神面貌也中產化。這種情況是外在的處境影響甚至塑造教會內在的處境，造成一種世俗化的教會現象。

香港社會學家呂大樂和王志錚在《香港中產階級處境觀察》（香港：三聯書店，2003）中分析香港的中產階級，指出他們對許多問題的回應都是傾向於先想個人能力範圍之內可以解決的方法，由宏觀的大環境變化至直接影響日常生活的政策，都似乎包括在內（頁56；編按：頁碼為原書頁碼，下同）。在論到面對九七而採取移民策略，背後存在著一種工具主義的心態，沒有人會對道德承擔的問題有興趣（頁57）。中產階級相信自己的能力是可在一個轉劣的環境底下好好保護自己的，這讓他們覺得自己有條件獨善其身（頁58），因而將個人與社會、自己的事業與整體經濟環境脱鈎，並分開對待與處理（頁57）。呂大樂在七一後撰文〈後七一的中產政治〉（收《以香港方式繼續愛國：解讀二十三條爭議及七一大遊行》，葉建民編〔香港：新力量網絡，2003〕，頁82～88）指出中產階級的性格使他們對參與政治顧慮多多、猶豫不決，有時會短暫參與某些行動，但若形勢有變，又會暫時退下，靜觀其變。

我這樣的引述是想指出香港的中產階級的面貌，而當中所具有的個人取向使得他們並不十分熱心參與社會政治行動，就是在日常生活中也十分自我中心而非他人取向。這種非倫理的人格一旦落實在教會之中，很容易出現一種非社會政治倫理的信仰羣體。這種信仰羣體延續香港中產階級的精神，不單把教會對外的見證非政治倫理化，並且在教會內也會出現個人化的信仰實踐，像中國人所說的「同枱食飯，各自修行」的現象。他們首要的議程是個人的，而非信仰羣體的。只有教會內出現了危機，才會動用上倫理反省、決議的機制，但卻並非在日常性的相交生活中實踐相互守望、彼此擔當的見證。

如果這是實情的話，我的第三個問題就是，究竟我們在討論「政道何從」這一議題上，我們是否清楚知道我們的教會內部的處境落在一種怎樣的光景呢？

文章原出處

烏合之眾？——沒有教導，何來教會！（原刊於《基道文字事工通訊》第37期〔2008年5月〕，頁2～5）

倫理的教會．即興的實踐（原刊於《基道文字事工通訊》第35期〔2007年10 月〕，頁5～7）

教會內外的踐行（原講於二〇〇九年五月九日基道文字事工與 Vocatio Creatio 合辦的「解放平信徒」聚會）

教會在地上城市的政治見證（原刊於《時代論壇》第861期〔2004年2月29日〕，題為〈教會能否成為地上城市的政治見證？〉，原講於二〇〇四年二月二十日香港神學生聯禱會）

延伸閱讀

宗教改革家對教會乃生於宣講與聖禮的教導，可參麥格夫（Alister E. McGrath）：《宗教改革運動思潮（增訂版）》（*Reformation Thought: An Introduction*〔Third Edition〕；蔡錦圖、陳佐人譯〔香港：基道出版社，2006〕），第十章「教會的教義」。重拾「教會乃踐行的信仰羣體」這看法的，則有威爾遜的《破碎世界裏的忠心教會——從麥金太爾的《德性之後》學習教會之道》（*Living Faithfully in a Fragmented World: Lessons for the Church from MacIntyre's After Virtue*；陳永財譯〔香港：基道出版社，2006〕），特別是第四章「恢復傳統」和第五章「新修道主義」。另威爾遜的《真的上教會？——教會教拜、事奉與使命的重塑》（陳永財譯〔香港：基道出版社，2008〕）則全面展示信仰羣體如何方是一踐行的教會。此外，當代美國神學家侯活士的 *Resident Aliens: Life in the Christian Colony* (Nashville: Abingdon, 1989)，薄薄的，但絕對是這方面值得細看的一本書。而韋斯（Samuel Wells）的 *Improvisation: The Drama of Christian Ethics* (Grand Rapids: Brazos Press, 2004)，一如書名所示，對教會即興倫理的實踐提供了全面的檢視（編按：侯活士及韋斯這兩本著作，將由基道出版社陸續出版）。

2 崇拜

糅合崇拜

歷史與當代、秩序與自由、現在與將來

一、崇拜是甚麼？

簡單來說，崇拜是出於感恩，由感恩而有讚美。換句話說，沒有感恩就沒有讚美，更沒有崇拜。就基督信仰的崇拜來說，我們所崇拜的對象首先是基督，三一中的第二位聖子耶穌基督。當然，我們也可以說我們是以上帝為敬拜的中心，但這樣說我們主要是要強調敬拜不以人為中心。而當我們說敬拜上帝，我們還是可以進一步追問：我們敬拜的上帝是一位怎樣的上帝？這就不得不涉及耶穌基督。因為正如聖經（如希伯來書）所說，只有基督才把上帝的真像表明出來。離開了基督我們不可能真正認識上帝。

並且，我們敬拜基督，不單只因為祂把上帝表明出來，更因為這個表明上帝的過程，同時是基督拯救我們的過程。這也就是說我們敬拜基督，因為祂拯救我們，是我們的拯救

主。面對這樣的一位耶穌基督，我們除了感恩之外，還能做甚麼呢？在基督面前，特別在十字架底下，我們看見自己一無是處、滿身罪污，使得上帝的兒子要為我們承擔罪債。可是，也正是在同一的十字架底下，我們體會恩典、寬恕、憐憫，因為基督跟我們易地而處，代替我們被釘在十字架上，被父上帝棄絕於死亡之中。

因此，基督的拯救是崇拜的因由，崇拜是對基督的拯救的回應，首先是感恩，然後提升至讚美。讚美不單指讚美基督拯救的作為，更為重要的是讚美上帝的本性；因為上帝的本性是愛，不願一人失喪，甘願犧牲聖子而在所不惜，所以就有了十字架上的舉動。換句話說，我們必須從上帝在基督裏拯救的行動，進至三一上帝愛的本性，才能完成對上帝的感恩和讚美。一方面，對基督的拯救的感恩是崇拜的因由；另一方面，對上帝的美善本性的讚美是崇拜的完成。上帝是表裏一致的，祂的行動和祂的本性是不能分割的，因此既要感激上帝在基督裏對我們的拯救，也同時需要讚美祂是一位滿有恩慈的上帝。崇拜，也就是要把我們對拯救的經歷所存的感恩，以及對使得拯救得以可能的上帝的美善恩慈所應有的讚美，徹底表達出來。

美國研究崇拜學有年的學者羅伯特．韋柏（Robert E. Webber）提出「糅合崇拜」（blended worship；或譯「共融崇拜」）的理念，為基督教的崇拜提出一發展的方向，衝破傳統與現代的二分法。其學生徹理（Constance Cherry）就此提出「糅合崇拜」的九個糅合向度：糅合歷史與當代、糅合秩序與自由、糅合語言與象徵、糅合理性與奧祕、糅合外在與內在敬虔、糅合呈獻與領受、糅合安慰與衝擊、糅合現在與將來、糅合個人與羣體。本文嘗試就其中三點作出進一步的詮釋和反省，希望能夠引起進一步的討論，使得華人教會的崇拜學能夠跨前步，有所突破。

二、歷史與當代

崇拜並非始自今時今日，這是因為上帝拯救的行動從亘古就在進行，也一直沒有中斷過，所以對上帝的崇拜是歷史性的。上帝一直在歷史中工作，人也一直在歷史中崇拜上帝。因此，崇拜是有其悠長的歷史傳統，而不可忽略。為甚麼不可忽略呢？今日我們傾向跳過教會的歷史傳統，直接回到聖經來了解崇拜的模式、要求。這很有一種非歷史非傳統的意思。但歷來的崇拜本身就是一種對信仰的詮釋、了解，我們也是透過崇拜來了解基督信仰的。譬如說，在崇拜中我們尊主為大，以基督為中心，這就表明基督在我們信仰中的地位；而我們對基督的認識，也從所唱頌的詩歌的歌詞反映出來。崇拜，凝聚了信徒對信仰的了解。

崇拜一方面表達了信徒對信仰的了解，另一方面也起著傳遞信仰的功能，並且，這種傳遞是一種累積性的。我們不僅累積性地承繼信仰，也累積性地承繼表達信仰的方式，崇拜即是一例。事實上，內容與形式並非可以完全分割開來。至少，從傳遞的角度來看，必須藉著某種形式方才可能傳遞某種內容，離開了形式我們很難想像可以怎樣傳遞內容。同樣地，認識信仰的內容也不可能抽離表達信仰內容的形式。形式是盛載內容的器皿，也是傳遞內容的管道，並非可有可無的。

從承繼和傳遞來看，崇拜就不可能完全摒棄舊有的傳統而自行構想一套。承繼和傳遞就是承先啟後，沒有了承先啟後，我們的信仰就容易隨流失去。事實上我們一方面既活在傳統裏，另一方面也在創造傳統。崇拜的內容和方式也一樣。傳統的崇拜和當代的崇拜並非截然二分、彼此排斥的，否則我們就是自絕於聖徒羣體豐富的崇拜經歷，以及當中所盛載的信仰體會。基本上，傳統和當代可以是對話的伙伴，兩者透過持續不斷的對話而達至傳統成為「當代的傳統」的果效。換句話說，傳統並非代表過去的，已經失去意義，對當代毫無裨益。剛剛相反，傳統的崇拜不單保存了歷代聖徒表達信仰的方式，並同時累積了對信仰的了解，這一切都成為我們今日崇拜的參考、指引，甚至規範，免得我們走入歧路。

我們很容易陷進錯謬的思考模式當中，要不是單單執著傳統，就是以為只有當代的才是最好，而忘記了兩者不一定是零和的遊戲。問題只是我們如何可以推陳出新，在古舊的傳統中翻新再造，以致讓傳統可以對今天有意義、有適切性。譬如說，在著重講道的教會中，講道前的時間就很被忽略，但禮儀教會就十分看重。一般來說，這段時間除了宣召之外，還有稱頌和認罪。稱頌是按三一上帝的本性和作為來進行的，絕非抽象含糊，而是包含十分重要的信仰內容的。宗教改革之前羅馬教會都唱《大榮耀頌》（*Gloria in excelsis Deo*），那是衍生自路加福音二章14節的：「在至高之處榮耀歸與上帝！在地上平安歸與他所喜悦的人！」中世紀時期《大榮耀頌》共有三百四十一個版本，旋律各有不同，共達五十餘種之多。單單從這裏就可以看見，即使強調禮儀秩序的羅馬教會，當中也有許多變化，但這些變化又是基於同一傳統而來的。韋柏在其《崇拜：認古識今》（*Worship Old & New: A Biblical, Historical, and Practical Introduction*；何李穎芬譯〔香港：宣道出版社，2000〕）就引述和介紹這《大榮耀頌》（頁147～149；編按：頁碼為中譯本頁碼，下同）。

基本上，這《大榮耀頌》是對三一上帝的頌讚，確認所相信的上帝是三一的上帝，也確認父上帝是全能的，子基督是羔羊，除掉世人的罪，靈上帝與耶穌基督同為至上。這既是頌讚，也是認信——宣認所相信的上帝是一位怎樣的上帝。在改教後的更正教會大概只有聖公會會唱《大榮耀頌》。當然，我們不一定要完全復古，重視傳統並非一成不變地重複傳統中的一切，但卻要保留當中的菁華。在崇拜開始時的唱頌是宣告性的、頌讚性的，要表明上帝的榮耀。因此，今天我們也可以選取一些有氣勢的讚美詩，而內容盡可能是講述三一上帝的作為和本性的，以便達至同樣的效果。事實上，過去許多教會都採取這樣的方式，代替了《大榮耀頌》（參後頁）。

《大榮耀頌》*	註釋
惟願在至高之處，榮耀歸於上帝，在地上平安歸於祂的子民。	起首句説明教會在崇拜時的狀態，是向全能真神俯伏。
主上帝，天下的王，全能的上帝聖父。 我們敬拜祢，感謝祢， 為祢的榮耀稱頌祢，	説明敬拜的用意是榮耀上帝，顯明上帝的榮美。
主耶穌基督，聖父的獨生聖子，主上帝，上帝的羔羊，	此段向主耶穌的祈求，是表明聖子與聖父的關係；聖子的位格，當得榮耀。
除掉世人罪的主；憐憫我們，坐在聖父右邊的主；應允我們的禱告。	此段歌詞認定聖子救贖之功。
因為惟有基督是聖， 惟有基督是主， 惟有耶穌基督，和聖靈， 在上帝聖父的榮耀裏， 同為至上。阿們。	對主耶穌的形容，表明信徒為何需要藉著聖子、聖靈，敬拜聖父。

* 《大榮耀頌》中譯詞採用聖公會《公禱書》（東亞議會版）頁53《榮耀主頌》（*Glory Be To God*）之譯詞。

另外一個環節是緊接著稱頌而來的認罪，這是自由教會（free church）不大認識的環節。當會眾頌讚全能聖潔的上帝，很自然的反應是痛悔認罪。在上帝的榮耀的反照底下，會眾理應認識到自己只是一個罪人，因此，承認罪過就是會眾的回應。在古教會中會頌唱《憐憫頌》（*kyrie eleison*），至第八世紀定形成今日的歌詞：

主啊！憐憫我們。
基督！憐憫我們。
基督！憐憫我們。
基督！憐憫我們。
主啊！憐憫我們。

今天禮儀教會也很少會在講道前唱頌《憐憫頌》，而多在聖餐中唱頌。但禮儀教會仍然保留認罪及宣赦的環節。自由教會大都在這時段安排禱告，但一般是十分自由式的禱告，可以是讚美，可以是交託，可以是求主同在、聖靈降臨，不一而足。但如果我們照顧到崇拜的結構性、脈絡性、整體性，那麼我們就有必要在頌讚之後悔改認罪。以禱告的方式來代表會眾向上帝認罪、承認自己的過犯，這是一個很好的安排。當然，也可以選唱認罪的詩歌。或是認罪祈禱之後再配以認罪的詩歌，以幫助會眾投入，提供空間讓他們參與。

在這樣的考慮底下，時下流行的敬拜讚美若要達至上述的作用，在選取詩歌和安排禱告時就不能掉以輕心，而必須滿足頌讚三一上帝的作為和本性，以及誠心認罪悔改兩個基本要求，這不單指詩歌的內容，更涉及音樂的情感、風格等，這都是不能忽略過去的。

三、秩序與自由

另一個在崇拜神學中經常被討論、甚至爭議的就是秩序與自由的問題。一向以來，我們都有一個錯覺，以為秩序與自由是互相矛盾，不能同時成立的。在崇拜的實踐之中，我們就會認為有秩序的禮儀崇拜很死板、僵化，十分形式化，不能讓會眾自由地表達其對上帝的感恩、讚美、崇敬。例如韋柏在論到重視信徒個人經歷的崇拜聚會中這樣說：

> 敬虔運動是針對暮氣沉沉的正統教派而產生的，最初是在十七世紀的信義宗信徒之間發動，其後不少基督教和羅馬天主教團體也羣起響應。這運動主要強調各人應該在信仰上更新，而不是僅憑教條或外在形式連繫於基督教的信仰。結果，支持這運動的信徒反對基督教墨守成規的崇拜方式，他們認為這些外在形式，妨礙個人敞開心靈讓聖靈感動而全心全意投入崇拜中。（頁96）

聖徒在信仰上更新是對的，我們需要不斷生命有更新，而不是死水一潭，但這就是否等同我們可以無須任何的教義或崇拜禮儀？外在形式的崇拜禮儀是否必定妨礙個人心靈的敞開？聖靈的運行是否會受到教義或崇拜禮儀所窒息？其實這是反應過激的表現。

一方面，秩序是信仰羣體共同形成的，特別是禮儀教會中的崇拜禮儀，是經過很長的歷史所形成的，有其一定的合理性和神學意義在內。另一方面，我們也不能否定當特定的崇拜禮儀缺乏更新，不能表達當代的信仰經歷，那也是需要作出轉化的。可是，這並不能等同我們需要全盤否定崇拜的秩序。正如我們聽了差強人意的宣講，我們不會要求從此廢棄講道，正確的做法是改進講道。同樣，當特定的崇拜秩序出了問題，我們也不需要全面反對禮儀秩序，而是重新檢討和更新禮儀秩序，讓禮儀秩序可以在盛載信仰之時，也可以有更多的空間讓會眾參與表達他們對三一上帝的感恩和讚美。

在一個羣體的崇拜裏面，強調崇拜中的自由表達是要避免落入失去了自己的局面，讓崇拜不是人云亦云，缺乏個人的主動的參與。但這種自由是有其限度的，不可能任意妄為，否則就變成混亂。即使是最自由的敬拜，也不可能沒有秩序，問題只是這個秩序提供了多少空間、自由讓會眾去表達他們的信仰經歷。完全沒有秩序的自由是混亂。即使聖靈的運動也不是沒有秩序的，祂是以耶穌基督、上帝的道所劃下的界限為其活動的領域的。聖靈的工作就是讓人得自由，但這自由的基礎卻在耶穌基督那裏，是從罪的捆綁中得釋放的自由，聖靈就是要把耶穌基督所成就的，能讓我們親身體會。因此，一方面聖靈的工作離不開基督已經成就的；另一方面自由首先指的是從罪惡的捆綁中得到釋放，我們心被恩感，從而頌讚、敬拜上帝。

表達上的自由總是有其形式的，當然每個人都可以十分不同。可是當我們考慮到我們是一個羣體在崇拜三一上帝，就不能不有一個一體的表達形式，否則就是各自敬拜了。但正如三一上帝雖然是一，卻有三個互相不同的位格，同樣地敬拜羣體也應該在一個一體的表達形式之中，找到他們自己的空間自由地表達他們的信仰經歷。換句話說，崇拜既有羣體、一體的層面，也有個別、自主的一面，兩者不能完全分割。德國的神學家潘霍華有一次論到音樂，很可以用來說明這種情況。他說：「若是基本的低音主調清朗穩健，那麼任何東西都不能攔阻對位副調（*cantus firmus*, counter subject）之盡情發揮……我們必須要有個美妙明朗的主調。沒有這主調就不可能有完全的豐滿的聲音，有了它則其他的對位副調都有確定的依據，就不致於走了調或失了音，但同時保存自己一個完整的特徵。」（《獄中書簡》〔*Briefe aus dem Gefängnis*〕，一九四四年五月二十日）

沒有空間就沒有自由，而空間是由秩序內在的不穩定性與秩序之間的間隙所產生的。前者指的其實是含混，可供聯想，引發思維、感情的象徵符號。後者所講的是各項程序之間的留白、靜默。在崇拜中，我們不一定只是追求一種外在表達的自由，也可以享受由上述所講的秩序所產生的自由，這是一種思想、心靈藉著各種崇拜中的象徵符號與項目間的停頓、靜默而得以釋放、進入另一領域的自由。崇拜的進場原意就是把我們引進另一時空、場景，經歷另一個屬乎上帝的超越世界，不再局限在既有的世界當中。啟示錄是一個很好的例子，使徒約翰被提升至天上，從上帝超越的角度來看世界，就發現現在所經歷的世界並非絕對的，邪惡勢力固然橫行，可卻不是最終的；他看到羔羊與羔羊的軍隊，即主的門徒，最終得勝，他們以犧牲生命不惜代價見證耶穌基督的方式來戰勝了欺哄人的撒但鬼魔。在崇拜中的秩序、禮儀應當帶領我們進到這一視域，當中的各種安排：言語的、象徵的、秩序的、禮儀的，都要提升我們的思想、感情、心靈，進到另一個屬乎上帝的超越的世界，以體會真正的自由。在這裏，秩序與自由並非互相衝突的，反之，秩序可以好像象徵一樣，起到帶領和指向的作用。

四、現在與將來

韋柏有兩段文字討論到崇拜的終末意義：

> 崇拜的焦點是超越現今世界，崇拜的焦點是朝向基督的再臨，這是上帝子民末世的盼望。感恩禮是盼望基督再臨的表徵記號，象徵這世界和其上的終結，新天新地的來臨。因此之故，真正的敬拜能滿足敬拜者心靈裏「存在」的需要，是支取能力的泉源，叫我們有信心與勇毅活在這敗壞的世代和社會制度中。（頁13）

> 崇拜與基督事迹有關，因此，以末世觀看來，在崇拜中不可缺少對基督工作的終局的冀盼。故此，在

> 崇拜的時候，其實是展現了救主復活與主再臨兩者之間的張力。我們因主耶穌勝過邪惡權勢和死亡而讚美歡欣，然而，我們也曉得，這些權勢還沒有完全踐踏於主耶穌腳下。因此，在崇拜裏，我們是揚聲預告、抵抗撒但的權勢；預告主耶穌再次降臨之時，祂要證明祂對罪惡和死亡的勝利是徹底的，是完完全全的。崇拜裏的聖道和聖餐之禮都表明這期待和預告。（頁114）

遺憾的是，我們如今的崇拜著實是缺乏真正的終末向度。正如韋柏所説，藉著在崇拜中對基督終末臨在的盼望，我們就有信心與勇毅活在這敗壞的世代和社會制度中，而並非採取逃避世界的方式，消極地過每一天。剛相反，三一上帝在終末的得勝是激勵我們今天並不氣餒、妥協的動力所在。我們很容易把崇拜變成麻醉自己的時刻，叫自己暫時喘息，避過凶險的世界。可是，一旦崇拜過後，我們又無可奈何地回到這個「非我家」的世界，繼續過六日的世俗生活，然後等待主日復活過來。彷彿崇拜只是避難所，而不是重新得力、再嘗新恩的時刻。

崇拜可以説是重演三一上帝拯救的作為，當然也包括創造，但我們只能在拯救的角度底下來了解創造。換另一個説法，崇拜可以説是記念三一上帝拯救的作為。記念在我們的信仰中有著無比的重要性。主耶穌在設立主餐時就説過擘餅飲杯為的是記念祂。但我們所記念的並非完全是過去的事件，與今天無干，與終末的將來無干。記念主耶穌基督的死以及復活，是因為祂的死和復活包含了對世界將來的應許。祂作為初熟的果子已然從死裏復活，我們有一天將跟隨祂的腳蹤，也會從死裏復活。因此，守主餐記念主，乃是一種帶有盼望的記念，絕非與將來無干。當然並非每一所教會、宗派每主日都守主餐，宣講也不可能常常以此為主題，但正因如此，我們更不能隨便放過機會，忽略在主餐中和宣講中傳遞這一終末的信息。

我們以主禱文公禱，其內容、主題亦同時具有將來的向度：「願人都尊你的名為聖。願你的國降臨；願你的旨意行在世上，如同行在天上」，這都是表明基督徒對上帝將來國度的期盼，但主禱文的下半部講的卻是今天，這就表示我們的信仰也是今天的，而不單單是遙不可及的將來。今天上帝就要幫助我們，今天上帝就在我們的日常生活中與我們同在，但這同在又不是終極的，主禱文的上半部就提醒我們這一點。因此，主禱文本身的結構是雙重的，既指向將來，又肯定現在。

崇拜中所傳遞的終末信息，如上所說，並非要否定我們現在的一切，認為現在的都無價值、無意義。這絕對不是基督信仰所傳遞的信息。正如傳道書所記：「我就稱讚快樂，原來人在日光之下，莫強如吃喝快樂；因為他在日光之下，上帝賜他一生的年日，要從勞碌中，時常享受所得的。」（八15）「在你一生虛空的年日，就是上帝賜你在日光之下虛空的年日，當同你所愛的妻，快活度日，因為那是你生前日光之下勞碌的事上所得的分。」（九9）這就是說要在虛空的年日中過得快活，享受勞碌得來的成果，使得虛空變成充實，而不是被虛空吞噬。

面對虛空的現實，在崇拜中必須讓會眾體會這並非終局而不可扭轉，否則我們就會放棄而不再對抗邪惡的勢力的滲透。我們必須重新宣告基督不單是基督信徒的主，祂也是全地的主。祂道成肉身，來到這個世界，正正是不願放棄這個世界，不要把這個世界交給撒但鬼魔及其追隨者。基督死在十字架上是祂與這個世界同在的極致，祂的復活表示死亡的勢力不再對世界的終局有決定權。上帝在基督裏沒有放棄這個世界，那麼祂的教會如何可能放棄這個世界？崇拜正正是要表明上主的同在：不單與教會同在，也要與世界同在，最終且要把整個世界完全更新，成為新耶路撒冷，整個受造界都要崇拜祂。

無疑，崇拜一方面要讓會眾感到在地若天，預嘗天國的團契相交，但正如耶穌基督登山變像，卻提醒門徒天國還沒有降臨，主耶穌尚要上耶路撒冷，被棄絕於十字架上。祂走入這個世界，徹徹底底地把自己的生命與這個世界分享，好叫這個世界可以得生命，並且得的更豐盛。同樣地，崇拜也要差遣會眾進入世界，見證基督，榮耀上主。以怎樣的方式？一如耶穌基督，以自己的生命去服事鄰舍，顯明三一上帝的愛。崇拜的差遣禮是讓會眾走進世界去活出他所領受的恩典，包括愛和盼望。差遣禮之前的崇拜內容，必須是對三一上帝拯救的記念、重述，但這記念同時是帶有應許的，指向這個世界跟現在不一樣的將來。差遣禮之前的崇拜內容，也必須是對三一上帝愛的本性的讚美，但因為三一上帝愛的本性帶有十架的印記，那是要求我們像耶穌基督一樣，主動地以犧牲的愛進入這個世界，在基督裏一如基督那樣去愛這個世界、服事鄰舍。

始於三一上帝及終於三一上帝的崇拜

一

筆者的專業是神學思想的研究，而非聖經，因此在處理這一課題時，必須同時借助聖經學者這方面的研究成果。然而，筆者並不滿足於只停留在鋪陳資料的描述地步，倒是希望能進到規範性的層次，反省聖經對崇拜本質的思考，這也就是說，我們要把握的不是微枝末節，而是其主導精神。另一方面，我們不得不承認，新約時期基督徒的崇拜，以及其猶太根源，是無法全面充分重建出來的，這方面的權威學者畢蘇（Paul F. Bradshaw）就承認我們在這方面知之甚少。他在深入研究後得出如下結論：

> 新約普遍來說不能提供堅固的基礎來投射後來的禮儀發展，但我們卻經常以為這個基礎是可以被提供

> 出來的。因此，我們必須滿足於保持無知；即對那些我們在其後幾個世紀最先得以清晰了解之基督徒崇拜實踐的許多根源，保持無知。[1]

是以，那種以為可以透過聖經研究而巨細無遺地描繪出新約基督徒的崇拜生活和實踐，從而以此為標準來指導和批判今日教會的崇拜境況，無疑緣木求魚。退一步來說，即或我們可以重建，但若根本不能掌握這種實踐背後的信仰精神、神學思想，那也只會徒有形式而缺乏實質，得其形而失其神，結果還是未能探得基督信仰對崇拜的本質性看法，終究也是無法在根本上對當下教會的崇拜生活和實踐，作出公平深入而到位的指導和針砭。因此，本文不欲在崇拜細節上斤斤計較，倒是著眼於崇拜活動的本質性結構、當中以基督為中介的三一上帝所扮演的角色，以及這種崇拜所具有的批判意義。

二

著名新教禮儀歷史學家韋白（James F. White）在講到「基督教崇拜」時這樣說過：

> 我們可以如何決定是甚麼使得這樣的崇拜是「基督教的」呢？我們的文化充滿了各式各樣的崇拜……許多人實踐崇拜，但明顯地不是基督教的。有甚麼特別的標記使得某些崇拜是「基督教的」呢？由

此而言，是否所有由基督教羣體提供的崇拜，都是「基督教的」呢？[2]

恐怕這些不是容易回答的問題。韋白自己提出了三種方法嘗試釐清「基督教的崇拜」的含義，分別為現象學的方法、基督教思想家的定義，以及檢視與崇拜相關的基督教用語。[3]筆者在這裏特別感興趣的乃是基督教思想家的看法，因為當中表現了一種啟示與回應的對偶性（a duality of revelation and response）。如馬丁．路德（Martin Luther）在談及基督徒的崇拜時說：「除以下之事別無他樣：我們親愛的主透過祂的神聖話語（His holy word）向我們親自講說話（*rede*），而我們，反過來則在祈禱和詩歌的讚美中向祂講話（*reden*）。」[4]「〔在崇拜中，人集合〕以傾聽及討論上帝的話語，然後以詩歌和祈禱讚美上帝。」[5]韋白更強調這啟示與回應是藉著聖靈的加力而成就的，[6]這一方面顯出基督徒的崇拜是由上帝所發動的，另一方面這中間涉及聖靈的參與，進一步而可言崇拜乃三一上帝所發動及完成的。

路德這種啟示與回應的對偶性，在東正教神學家法羅斯基（George Flororsky）及尼斯奧他士（Nikos A. Nissiotis）的思想中得到回響。前者指出，「基督教的崇拜是人對神聖呼召（the divine call）的回應，回應上帝『大能的作為』，這作為的高峯乃是基督拯救的行動」，[7]後者亦表明：「崇拜首先並非人的主動，而在於上帝在基督裏透過祂的〔聖〕靈所作的拯救行動。」[8]藉著聖靈的力量，教會作為基督的身體可以進行崇拜，這種舉動乃是來自並且導向三一的上帝。[9] 由此而言，崇拜並非信徒羣體的獨白，因為沒有上帝的引發，人的崇拜不可能發生；崇拜更不是信徒羣體操控上帝的方式，因為人的崇拜乃是對上帝的回應。這種以啟示與回應的對偶性所形成的崇拜，根據彼得遜（David Peterson）的研究，聖經本身就是持這種觀點的。[10]

三

彼得遜在其對崇拜的研究中總結指出：

> 舊約堅持以色列只能因為上主的恩慈主動和保守而可以就近祂。祂獨特地向他們啟示祂的性情和心意，把他們從埃及為奴的處境中拯救出來，並建立他們讓他們毫無攔阻地事奉祂。在聖經的思想中，啟示和拯救是合意的崇拜的基礎。[11]

毫無疑問，崇拜是一種對上帝主動的拯救和啟示所作的恰當回應，其基礎絕不在於人自己的宗教感，以及以此而設計的宗教。彼得遜指出：「在聖經中，人所設計的宗教只會為上帝所咒詛，並不能讓人與上帝建立正當的關係，或是討祂的喜悅。如果他們要合意地崇拜上帝，那麼上帝必得把他們從無知的黑暗中和罪的腐敗中拯救出來，引導他們真確地認識上帝自己。」[12]

對於新約如何了解崇拜，彼得遜說：

> 基督教對這事〔崇拜〕的反省，其起點很明顯為如下的確信：上帝完全並且最後在祂兒子的位格中顯現祂自己。耶穌基督是新約思想崇拜的核心。[13]

然而，彼得遜並非獨一基督論者，他隨後指出：

> 我們看見耶穌如何藉著祂的死、復活、升天，以及隨後聖靈的差出，而與父可以建立新的關係。透過子和靈的事工，父得到真正的崇拜者。因此，真正基督教的崇拜神學，其核心乃是三一的教義。上帝中的每一位格在建立合乎新約時期的崇拜，各自扮演獨特而有意義的角色。[14]

無論從啟示（知識論）或拯救的角度來看，基督是不能給忽略掉的，如果「啟示和拯救是合意的崇拜基礎」，那麼，基督作為上帝的啟示和拯救，就是基督信徒崇拜的基礎。可是，崇拜以基督為基礎並非否定聖靈與聖父，反之，基督的啟示和拯救同時揭示聖靈與聖父，這在約翰福音的記載中尤為清楚，無須多講。倒值得我們注意的是，若啟示和拯救是以基督為中介的三一上帝的作為，那麼崇拜也當以「以基督為中介的三一上帝」為基礎來進行。這在約翰福音四章23至24節清楚說明：「時候將到，如今就是了，那真正拜父的，要在〔聖〕靈和真理中拜他，因為父要這樣的人拜他。上帝是個靈，所以拜他的必須在〔聖〕靈和真理中拜他。」[15]《和合本》把「靈」和「真理」譯作心靈和誠實，就把崇拜的重點首先落在人的身上，而不是三一上帝身上。真正的崇拜出自三一上帝也回歸三一的上帝。只有三一上帝才是發動人崇拜祂的條件，人的心靈和誠實只能是在三一上帝的呼召、感動和帶領下對祂作出恰當的回應：崇拜。事實上，約翰福音四章23至24節是三一式的崇拜：在聖靈和基督裏崇拜父。所以彼得遜說：「透過子和靈的事工，父得到真正的崇拜者。」我們在這裏甚至可以說，崇拜作為回應，也只能由三一上帝來規定其方式：「在聖靈和基督裏」。[16] 下一節我們會仔細討論約翰福音的經文，以及特別從三一神學的角度重新檢視、了解、分析崇拜是怎麼的一回事。這就回應了我們在上一節中已經述及的神學觀點：崇拜是來自及導向三一的上帝。

四

英國神學家亞倫．杜倫斯（Alan J. Torrance）在討論頌讚三一（doxological Trinity）時指出：「頌讚的參與（doxological participation）乃一恩典的事件……而非……出於任何自然人性的回應或天生的能耐。如此，崇拜可稱之為一『上帝作為』的相交的事件（an event of "theopoietic" *koinonia*），同時『在基督』及『透過〔聖〕靈』，並且由於這樣的緣故，上帝的國度『以某種方式』實在地和自由地**臨在**（actually and freely present），而非僅只是將來的……」[17] 杜倫斯這樣解釋崇拜，強調崇拜是恩典的事件，是「上帝作為」的相交的事件，是「在基督」及「透過〔聖〕靈」來成就的，目的是避免他稱之為伯拉糾意念的崇拜（Pelagian notions of worship），即據肉體來解釋崇拜：[18] 人對神聖喜悦與神聖激情的感知，從而產生一種主體的、人性的回應，[19] 在本質上都是以崇拜為人為的，因為當中缺乏了基督和聖靈的工作。因此，杜倫斯追隨其父親雅各．杜倫斯（James B. Torrance）的看法，認為「我們的崇拜乃是參與的恩典，我們透過〔聖〕靈而參與基督為我們已經完成及正在完成的，基督是透過代求和與父相交來為我們成就的」。[20] 下面兩段引文更清楚說明杜倫斯對崇拜的看法：

> 基督徒的崇拜是有分於人朝向上帝的運動（a human-Godward movement），這運動是屬於上帝的，內在於神聖生命之中發生。我們正正是被〔聖〕靈帶進這一內在的神聖生命而得以參與，這參與乃恩典的禮物。[21]

> 因此，崇拜並非某些雄糾糾的主體回應。崇拜是恩典的禮物，在基督裏替我們實現了，並藉〔聖〕靈而讓我們接收和參與。這裏要講的乃是一種神格化（theosis）或上帝作為（theopoiesis），其形式與內

容均是「從上而下」的（from above）。[22]

是以，單單強調崇拜乃人對上帝之拯救作為和美善本性的回應，並不足夠；究竟這回應的動力來自哪裏，才是問題的關鍵。正如自由神學也十分強調人對上帝之愛的回應，可是，這種回應的動作乃來自人自身的宗教意識，這就使得其一切的回應都只是宗教儀軌（religious ritual）而非基督徒的崇拜。基督徒的崇拜是上帝的作為，這種作為是三一式的；正是三一上帝的作為，使得基督徒的崇拜有別於人為的宗教儀軌。因此，當我們說崇拜乃人對上帝的回應時，我們必須立即補充，這回應不是出於人的，乃是出於三一上帝的，人只有在基督裏藉著聖靈才能回應上帝，有分於這一恩典的禮物。

對杜倫斯這一神學觀點，我們可以藉彼得遜對約翰福音四章23至24節的分析來予以支持。彼得遜指出，約翰福音表明耶穌作為真正的肉身／會幕（the true tabernacle；約一14）以及真正的殿（約二19），是要成就舊約時代聖山的崇拜（約四20～24）。[23] 這也就是說，崇拜上帝不再以地方為中介，無論是會幕、聖殿或聖山，而是以耶穌，即上帝的兒子，三一中的第二位為中介。彼得遜補充說，這並非表示「舊約的崇拜是虛假……而是，事實上那只是『將來美事的影兒』（來十1），指向在耶穌身上實現的真實」。[24] 而如今就是時候了，按約翰福音，這將到的「時候」，「指的就是耶穌自己的死、復活和離世歸父（如約二4，七30，十二23，十三1，十七1），新的殿是在這些事件之中被建立起來（約二19），然後聖靈才被賜予信耶穌的人（約七37～39）……這樣的崇拜只能透過祂，因為祂是終極的聖殿（約二19～22）」。[25]

另一方面，人若不藉著聖靈重生（約三1～8），他就不能見上帝的國度或經歷終末時候的祝福，因此，父透過聖靈而生出真正的崇拜者。聖靈之所以可以這樣工作，乃建基於耶穌拯救的工作（參羅八15～16）。[26] 聖靈的重生工作，亦是不能離開耶穌的死和復活的。因此，彼得遜指出：「約翰福音四章23至24節的首要指涉並非人的靈而是聖靈，祂重生我們，帶來新生命，並在真理中確認我們（參約十五26～27，十六13～15）。『靈』和『真理』是上帝透過耶穌而賜下的禮物，藉以讓我們跟祂建立真正的關係。」[27] 靈既是指聖靈，那麼真理指的就是耶穌：「耶穌是真理（約十四6），祂獨一地啟示上帝的性格和目的（約八45，十八37），所以真正的崇拜者將是那些透過耶穌基督而與上帝連繫起來的人（參約十七3）。」[28] 由於耶穌只是中介，因此祂並不是崇拜的焦點或對象，卻是父從萬民中獲得真正崇拜者的途徑。[29] 人對父的崇拜，就沒有可能離開耶穌以及透過耶穌而賜下的聖靈。耶穌自己是道路、真理、生命，若不藉著祂，沒有人可以到父那裏去（約十四6）。然而，聖靈卻又是真理的聖靈（約十四17，十五26，十六13），祂要為耶穌作見證（約十五26），引導人明白耶穌所揭示的真理（約十四26，十六13）。在這個意義底下，耶穌與聖靈分別為客觀的真理與主觀的真理。聖靈讓人明白耶穌所揭示的真理，耶穌為聖靈提供了祂讓人明白的真理。沒有耶穌揭示的真理，聖靈就沒有真理可以讓人明白；沒有聖靈的感動和開啟，人就不會感悟明白耶穌的真理。聖靈把耶穌的客觀真理轉化成主觀的真理。

彼得遜這樣了解崇拜，其後果就是如布朗（Tricia G. Brown）指出：「正如大多數釋經家所同意的，在靈及真理中崇拜並非一種跟禮儀崇拜（cultic worship）對立的『內在崇拜』（inward worship）……『在靈及真理中』崇拜指向那些『由上帝而生』之人的崇拜，或是那些屬於上帝而非屬於世界之人的崇拜。」[30] 史諾堅堡（Rudolf Schnakenburg）在分析這兩節經文後也作出同樣的結論：

> 這新的崇拜既非只是口惠而不實（lip-service），亦不是純粹內在的崇拜（interior cult）……這崇拜必須由上帝的恩典和〔聖〕靈所興發，而當以純潔的心去回應……如果人要被提升與上帝相遇又屬於祂，就需要新的創造，這必定是上帝自己以其能力所造成的。人自己必要成為不一樣的存在物，人必要被〔聖〕靈所轉化，如果他想合意地崇拜上帝。關鍵不在崇拜的地點，而在崇拜的人，以及他崇拜的方式。[31]

這也就是說，合意的崇拜不在於人自己內在的「宗教敬虔」，而在於他在聖靈和基督的真理之中被重生轉化，他也只能在聖靈和基督的真理中才能合意地崇拜上帝。連達斯（Barnabas Lindars）亦指出：「這是在〔聖〕靈的崇拜，因為這是人的回應，藉著信靠耶穌，他向〔聖〕靈開放讓祂觸動影響（約三6），這崇拜是出自生命中的活水（約三14）。同時這崇拜亦在真理之中，因為這是根據耶穌所啟示的真理（約一14、17），這是生命的水的另一面向。」[32] 換句話說，離開了聖靈和基督，就沒有合意、真正的崇拜。也只有在這基礎上，我們才能談心靈誠實的崇拜，因為若不在聖靈和基督之中，人不可能成為心靈誠實的崇拜者。因此，三一上帝乃崇拜的根源與可能，離此即成了人自身的宗教敬虔意識的作為，所導向的崇拜則成為以人為中心而非以三一上帝為中心。「真正的崇拜乃是在耶穌——祂就是真理（約十四6）——之中透過『真理的靈』（約十五26），以致可以看見父。」[33]

最後，我們引述彼得遜的一段話來總結這一節的討論：

> 這些經文〔引按：指約四23～24〕指出基督教的崇拜當主要不在其外在形式、地點與禮儀，實際上這些經文要講的是一些更深層和更正面積極的。如果我們把這段很有意思的經文太快應用到我們的會眾的活動，那就喪失了其基本的教導。事實上，人很容易濫用約翰福音四章，如辯說接近上帝不應衣著隨便、輕率無禮、輕浮無聊，或是以屬靈恩賜結合音樂技巧好促進真正的崇拜！新約的崇拜（new-

> covenant worship）本質上是與上帝相交；上帝在耶穌基督中啟示祂自己，透過聖靈使生命得以預備，由此而使人與上帝相交成為可能。[34]

五

在這一節中，我們接續以浸信宗神學家麥乾頓（James Wm. McClendon, Jr.）推進上述對崇拜的討論，包括兩方面：正面及反面。簡單來說，麥乾頓討論了聖經及基督教的崇拜所具有的兩個定義性標記（definitive marks），其一為正面的，另一為反面的：

> （1）基督教的崇拜是兩面的實踐：神聖的和人的，從來不只是獨白，而全然為對話的；（2）真正的基督教崇拜從來不是一條權力的道路，永遠不是一條控制上帝或上帝恩賜的道路。許多所謂基督教的崇拜都未能通過這些測試。[35]

下面我們先從正面的角度闡述麥乾頓對崇拜的看法。麥乾頓在其《教義學：系統神學》第二冊（*Doctrine: Systematic Theology*, vol. 2）第九章「拯救的記號：基督教的崇拜」（The Signs of Salvation: Christian Worship）中，分別以「崇拜的矢向」（the vector of worship）和「耶穌與〔聖〕靈」兩點來確立他對基督教崇拜的看法。事實上，後者是更仔細地開展前者的討論。他首先總結聖經中上帝主動與人應答的崇拜主線：

> 上帝呼召亞伯拉罕並實現給撒萊的應許、解放以色列人、膏立大衛、懲罰但重建背叛的民族、差遣耶穌、接受祂的死又使祂從死裏復活、呼出〔聖〕靈、最終復活的基督回來。每一神聖行動的發生都要求並……使得人的回應出現，這人的回應又被收納在神聖的行動之中：亞伯拉罕（以及偷笑的撒萊）順服呼召、以色列人渡過紅海、大衛統治他的人民、人民被懲罰後更新他們守約的忠誠、耶穌在約旦河與客西馬尼領受祂的事工、被〔聖〕靈充滿的信徒説出新的方言、忠心的教會期盼終末時基督在祂的國度中臨在。一句話：上帝行動又使人應答；廣義來説，這引發出來的應答就是他們合意的崇拜（羅十二1）。[36]

上帝行動又使人應答，跟我們在上節的討論結果完全一致。麥乾頓在這裏進一步分別以耶穌作為**客觀**推動的力量（the objective driving force）和以聖靈為**主觀**推動的力量（the subjective driving force）來分析「上帝使人應答」的意義。[37] 首先，「耶穌的復活讓祂可以持續地臨在祂的羣體之中，這臨在乃客觀推動的力量，是外在的發動機推動基督徒崇拜」。[38] 復活節後的五旬節，聖靈臨在這個社羣之中，

「這〔聖〕靈成了主觀推動的力量，是基督徒崇拜的內在發動機」。[39] 這客觀和主觀的分別何在？按麥乾頓的講法，復活節生起的基督是與我們同在的朋友（a Christ with us as a present friend），而五旬節卻產生能夠認得基督的門徒。[40] 客觀地，基督是我們的朋友，與我們同在同行，但我們如何可以認得祂呢？這就是聖靈的工作了。從這個角度來看，崇拜就不僅是人的回應，而是「〔聖〕靈所賜予的（Spirit-given）、〔聖〕靈所帶領的（Spirit-led）的回應，因而總是超過（永不少於）人的回應」。[41] 崇拜必然是人的回應，但那是聖靈引發、帶動底下的回應，故此總是超過人的回應，卻也不能否認其為人的回應。

麥乾頓確定基督徒的「崇拜乃是『在基督裏靠聖靈向上帝的崇拜』（the worship of God-in-Christ-by-the-Spirit），其基本含義就是一種主動與回應的**模式**（a pattern of initiative and response）……故此，公共崇拜……必須反映出這種神聖主動—人回應的模式，如果這崇拜乃是朝向上帝的，如果這崇拜乃是以基督為中心的，如果這崇拜乃是〔聖〕靈充滿的」。[42] 麥乾頓這一看法指向崇拜的對話性，但也因為強調人的回應是基於基督與聖靈的工作，所以也成為批判那種控制上帝或上帝恩賜的崇拜，以及自言自語式的崇拜。下面我們進入麥乾頓這方面的分析和討論。

事實上，當麥乾頓列出了崇拜的兩個定義性標記之時，他是有意地針對以下兩種錯謬的崇拜：其一為那種自我封閉的崇拜，把崇拜轉成了某種治療，討好會眾；另一為把崇拜扭曲為魔法（magic），一種嘗試要從上帝或上帝的使者身上搾取好處的作為。[43] 麥乾頓分別以兩類型的崇拜來作出解說，一種是感性崇拜（affective worship），另一種是魔法崇拜（magic worship）。前者只重人的感性回應，後者則偏重人的操控。

先說感性崇拜。感性崇拜的目的是：「藉著**改變崇拜者**的感受改變崇拜者」（changing the worshipper by way of the worshipper's feelings）。[44] 麥乾頓的分析如下：「崇拜充滿歡呼喝采，叫人『感動』（"impressive"或"inspirational"），祈禱是自動提示（auto-suggestion；或他者提示〔other-suggestion〕），宣講是支配會眾，唱詩是引發熱烈情緒。」[45] 麥乾頓的批評是：「共同崇拜並非回應上帝，而是集體自我喚發或彼此娛樂……真正的基督徒並不向自己及自己的同伴祈禱，而是向天父及當下的主祈禱；當宣講上帝的話語時，那是另一把聲音，我們要聽到的並非宣講者的話語；擘開的餅也只是食物而已，決非心理治療；浸禮並非以教會或牧者之名舉行，而當以三一上帝的名字施浸。」[46] 麥乾頓針對的是那種純粹主觀的崇拜，當中沒有基督、沒有聖靈，只有人。他並沒有反對、否定崇拜中人的感情表達，但他不同意把崇拜化約為心理學。[47] 因為真正的崇拜是由基督與聖靈引發的，人在崇拜中所流露的感情也應當是由基督與聖靈引發出來的，所以一旦忽略三一上帝這一面即會陷入主觀主義的崇拜之中，而成為人之自感自應、自言自語式的崇拜。

另一方面，魔法崇拜有其長遠的歷史，是人性中深層潛藏的某些元素所引發出來的。[48] 麥乾頓在這裏區分了魔法與宗教：「在宗教之中受造物把自己呈獻給他們的上帝，從中發現並追求上帝要他們走上的道路。在魔法之中魔法師獲取權能以操控神祇（或操控上帝！），以達至自己的目的。」[49] 魔法其實是透過實施某些言明的儀軌（prescribed rite）以達至操控超自然的力量。[50] 表面看來，我們並不容易落入魔法崇拜之中，但事實並非如此。麥乾頓這樣說：「……浸信宗信徒並不容易看見，譬如，會眾徹夜為重病臨危的孩子祈禱說：『只要我們誠心禱告，上帝如何能夠拒絕我們？』這其實就是變相的魔法操控。」[51] 麥乾頓並非全然反對魔法崇拜，他承認當中也有真理，這真理就是：「崇拜當中確有『魔法』，但這元素卻是超越地上的計算的。上帝確實答允祈禱……但上帝永遠不會向地上任何種類的魔法師讓出祂自己的主動權；新教的信靠（fidelity）、天主教的遵奉（conformity）、浸信宗的熱情（fervor），都不能擄獲及控制神聖的主權。」[52]

六

在最後一節，筆者以雅各．杜倫斯的一段發人深省的文字作結：

因此，基督徒的崇拜是我們透過〔聖〕靈而參與到基督與父的相交中去，參與到基督在崇拜和代求的代替性生命之中。我們回應我們的父，也只有以祂在基督裏為我們所作的來回應。崇拜是我們自己奉獻身、心、靈，好回應祂在基督裏為我們所作出的真正奉獻。崇拜是我們對上帝恩典（*charis*）的感激（*eucharistia*）的回應，是我們藉著恩典而分享基督在天上的代禱。因此，我們所說任何關於崇拜的——崇拜的形式、實踐及程序——必要在基督的亮光下言說，因為這是對祂的回應。我們必須在恩典的福音亮光下言說，我們必須問我們自己，我們的崇拜形式是否傳遞福音？當基督藉著〔聖〕靈把我們引帶進入分享相交的生命中去，這些崇拜形式是否幫助人認識崇拜和基督的事工？抑或這些崇拜形式造成的乃是障礙？這些崇拜形式使得基督的真正臨在於崇拜中可見，抑或模糊了？在還沒有決定我們的傳統和程序是否合意之前，要回答這些問題，我們必得查看崇拜的意義、內容。[53]

浸禮、主餐與生命的轉化：

麥乾頓的觀點

一

麥乾頓（James Wm. McClendon, Jr.）是當代一位有意識地發掘和發展自己浸信宗宗派的神學洞見的神學家。究竟浸信宗的視野洞見（Baptist vision）是怎樣的，我們在這裏不能仔細逐點分析，詳細的論述可閱讀麥乾頓的《倫理學》（*Ethics*）。[1] 簡單來說，包括下列五項：一、聖經主義（biblicism）；二、自由（liberty）；三、作門徒（discipleship）；四、羣體（community）；五、宣教或傳福音（mission or evangelism）。筆者本文目的不在討論浸信宗的原初洞見，本文主要是介紹麥乾頓在浸信宗的原初洞見底下，怎樣發掘、描述或轉化浸信宗對浸禮及主餐的看法，重新闡明這兩種實踐對教會生活的重要意義，而非僅停留在只是象徵性的「禮儀」而已。

二

首先，我們發現麥乾頓視浸禮和主餐分別為作門徒與羣體這兩項原初洞見的具體表達。[2] 作門徒「並非只是少數人的呼召，亦非一種對內行人的情感操練，而是藉著耶穌基督的主權轉化生命而作出服事」。[3] 信徒接受浸禮首要的意思乃是追隨基督，作基督的門徒，順服祂的帶領，活出服事的生命。羣體指的「並非某些羣體享有特權通往上帝或獲取神聖地位，而是在故事形式的生命中共同分享，在互相幫助和服事他人中實踐對基督的見證」。[4] 信徒在信仰羣體中恪守主餐首要的意思是在領受基督的寬恕、赦罪，並且也在這個基礎上彼此認罪和接納，成為一體。從這裏我們明白到浸禮是作門徒的開始，主餐是建立羣體的實踐，兩者均涉及生命之轉化更新，都是以基督為中心的。

另一方面，麥乾頓首先是在《倫理學》一書中討論浸禮和主餐的，這意味著浸禮和主餐可以從倫理的向度來了解。不單如此，在麥乾頓看來，倫理學涉及的其實是教會的生活，他說：「……我們始於尋找在基督身體中共同生活的形塑，查問教會如何可以活出而成為真正的教會，這種研究我們稱為**倫理學**。」[5] 由此看來，浸禮和主餐的意義乃在於其對教會共同生活的塑造，若稱為一種禮儀的實踐，那麼，這種實踐就帶有一種倫理的向度在內，表明真正教會的共同生活的方式，而非僅只於一種儀式條文，或單單只是個人與上帝之間的關係。下面我們將介紹麥乾頓這方面的看法，指出浸禮及主餐所蘊涵的倫理意義，以及這種倫理意義對信仰羣體的生命所具有的轉化與更新的力量。事實上，亦只有這樣，我們才能避免落入為世俗的意識形態所腐化的惡劣境地，重新顯現出浸信宗原初洞見的生命力量。

然而，在這裏我們需要立即補充，麥乾頓並非僅只在《倫理學》一書中才討論浸禮和主餐，他在其系統神學第二卷《教義學》（*Doctrine*）[6] 也花上相當篇幅就此而討論，主要可見於第九章「拯救的記號：基督徒的崇拜」第二節「回憶的記號」。浸禮和主餐固然有其倫理意涵，但亦不止於此，是以，麥乾頓在《教義學》一書中就浸禮和主餐所作的闡釋，是較其在《倫理學》中所做的，更為豐富。尤為重要的是，麥乾頓在《教義學》中明明白白地以回憶的記號來了解浸禮和主餐。他指出，作為記號，浸禮和主餐並非單單只是記念，並且也是做事，要改變某些事情。這裏所講的乃涉及生命的改變。從浸禮和主餐所蘊涵的生命改變的作用，進而可討論其倫理實踐的意義。換句話説，這兩個禮儀所帶來的倫理意義或所指向的倫理實踐，必須建基於浸禮和主餐本身的作用，離此即不能談任何浸禮和主餐的倫理向度。因此，我們必須首先進到《教義學》去探討浸禮和主餐的意義。

三

要了解浸禮和主餐為甚麼有生命轉化與倫理實踐的意義，首先必須了解這是一種怎樣的活動而具有這樣的作用。麥乾頓在《教義學》中認為浸禮和主餐均為回憶的記號（remembering signs），[7] 這些記號不單帶領我們瞻前顧後，更可以產生作用，改變生命。麥乾頓這樣說：「它們〔回憶的記號〕獨特之處在於呼喚教會記念偉大的救恩故事，以及期盼其終結。這些記號顧後瞻前，宣告基督當下臨在與祂的子民一起。」[8] 又說：「上帝行動從而使得這些**回憶的記號**發生作用，正如上帝原初在偉大的歷史記號（historic signs）本身當中行動。」[9] 上帝在浸禮和主餐中的工作是甚麼呢？要起怎樣的作用？這即涉及麥乾頓如何理解回憶的記號。

早在一九六六年，麥乾頓已經發展他對浸禮的看法，論文名為〈作為施事的記號的浸禮〉（“Baptist As a Performative Sign”），[10] 指出「許多學者同意浸禮不『僅是記號』或不『僅是象徵（symbol）』，而是**一個有作用的記號**（an effective sign）」，[11]「浸信神學家所了解的基督徒浸禮，並且也應該這樣了解，乃是**施事的記號**」。[12] 在《教義學》中麥乾頓繼續這樣理解浸禮：「在先知式與浸信式傳統中，浸禮不僅是象徵並且是**記號**，因為記號的特性不僅是表示而更是做事、改變事情。」[13] 他把這種看法同時應用到主餐之上，視之為行動的記號（acted sign）。[14] 當浸禮和主餐都屬於回憶的記號，上帝就會在當中工作，使這些記號發生作用，改變和塑造生命。

麥乾頓借用語言哲學家奧斯汀（John L. Austin）的言說—行動—理論（speech-act-theory）來解釋回憶的記號如

何是一種行動做事的記號。奧斯汀感興趣的是「我們總是在說話中做點說話之外的事情……如進行結婚、打賭、致歉、命名、許諾等社會活動……奧斯汀最為關心的就是這種意義上的言語行為，他稱之為『話語施事行為』（illocutionary act；或譯「語用行動」）」。[15] 在提出話語施事行為之前，奧斯汀首先指出施事話語（performance utterance）與記述話語（constative utterance）的區分，「認為『施事話語』是一整類特別的話語，或者說，是我們使用語言的一類特別的方式，即使用語言實施許諾、打賭、命名、致謝、祝賀等約定俗成的社會行為」。[16] 麥乾頓以此為根據從而指出基督徒的浸禮乃是一種施事的記號。下面我們即按序分別仔細介紹麥乾頓對浸禮和主餐的分析，指出這兩種作為施事的記號的禮儀，如何改變和塑造信徒和教會的生命。

四

浸禮作為一種施事的記號，按麥乾頓，它涉及了參與的人（教會及受浸禮者）及上帝；[17] 浸禮中的行動是三重的：上帝的行動、受浸禮者的行動，以及教會的行動。[18]

> 浸禮是受浸禮者對上帝發出的「話語」……受浸禮者在這「話語」中宣告復活基督的力量在他身上。浸禮是祈禱，但卻是一行動的禱告（acted prayer）而非只是一言語的禱告（spoken one）……浸禮也

> 是教會向受浸禮者發出的「話語」，在當中教會說出如下列的：「我們接納你成為我們在基督裏的弟兄。」並且，浸禮是受浸禮者向教會發出的「話語」，在當中受浸禮者向教會説出如下列的：「弟兄們，我願意與你們一道，請接納我！」[19]

這裏我們可以看見，在浸禮中，受浸禮者向上帝向教會作出了施事的話語，教會也向受浸禮者作出施事的話語，但麥乾頓指出：

> 浸禮不獨是受浸禮者及施浸禮者的行動，而且是上帝的作為。[20]

> 浸禮首先是上帝對我們的言説，在當中祂宣告：「這是我的兒子，我今日生你。」在當中祂促使我們進入新生命。在當中祂以〔浸禮的〕記號宣告好消息，對這好消息的惟一回答，就是我們的降服、我們的受浸。[21]

麥乾頓引聖經如路加福音三章16節、哥林多前書一章14節及其後、使徒行傳二章38節等指出浸禮的行動本身是有果效的，但並非變戲法，按照聖經，這是因為信徒、信仰羣體、基督，以及聖靈全都在浸禮中扮演主動的踐行者。[22] 換句話説，人與上帝都以浸禮作為踐行的方式，以浸禮這回憶的記號來做事：上帝要賜下赦罪及具有轉化生命能力的恩典，人則要扮演一負責及回應的角色。[23] 不單要悔改，並且要走耶穌的道路，這是負責任的行動。[24] 信徒與基督在浸禮中合而為一，乃一敍事的合一（narrative identification）；信徒的浸禮分別指向耶穌自己的生命故事、聚焦於受浸禮者自己的故事，以及把這兩個敍事在眾聖徒的伴同下連結一起。[25] 耶穌自己的受浸禮是踏上天國的第一步，[26] 祂在當中與罪人認同從而使得拯救可以開展。[27] 在這樣的背景底下，信徒的受浸禮是把自己生命的故事轉向上帝新的道路，[28] 即在悔改歸正中把自己含混不清的生命放在上帝面前讓祂帶領，並義無反顧地在受浸的信仰羣體的伴同下轉向上帝的新道路。[29] 昔日，耶穌在祂的受浸禮中與我們認同，今天，信徒在自己的受浸禮中與耶穌認同。沒有前者也就沒有後者，當信徒在浸禮中與基督聯合，也就同時是上帝的宣告：「這是我的兒子，我今日生你。」並且，這也同時是信徒的悔改、回轉，生命踏上耶穌的道路的時刻。「人的行動與神聖的行動就在浸禮中併合起來，而成為一。」[30] 由此，受浸禮者的生命即在浸禮這一回憶記號的施事行為中，得到轉化、改變、更生；浸禮並不只是「代表」或「象徵」那獨立於浸禮之外又先於浸禮的歸正。[31] 浸禮的施行就是一次上帝赦罪施恩與信徒悔改歸正的施事話語的作為。

受浸禮者在浸禮中踏上耶穌的道路，但他卻不是單獨踏上的，這是因為他同時受浸加入同走這條道路的信仰羣體之中。受浸禮者的生命故事同時跟教會的故事成為一，[32] 他是加入到那與耶穌的故事同一的信仰羣體，這就進一步可以顯出浸禮的倫理意義。浸禮並非只涉及個別信徒與上帝之間的關係；事實上，浸禮對信徒之間的關係有著十分重要的含義。上文曾經述及，麥乾頓認為浸禮既是教會向受浸禮者發出接納成為基督裏的弟兄的「話語」，也是受浸禮者向教會發出願意成為教會的一分子的「話語」；浸禮就同時是教會對受浸禮者的接納及受浸禮者加入教會的施事話語。那麼，正如麥乾頓提問：「這個受浸的羣體其生命會是怎樣的呢？」[33] 麥乾頓舉出保羅的三封書信來作答，指出浸禮跟在基督裏打破古代社會和天生的阻隔是相關的，他引用加拉太書三章27節及其後、哥林多前書十二章12節及其後、歌羅西書三章9至11節，表明所有受浸的在基督裏都是一，不分希臘人、猶太人、為奴的、自由的、男的、女的。[34] 換句話說，浸禮打破一切界限，沒有誰比誰更重要、更高貴，沒有主宰與受宰制的關係；在基督的身體裏面，一切異教和猶太信仰中的社羣結構都被廢除了。[35]

總的來說，浸禮是信徒委身基督道路的第一步，在這基礎上他要在生活的每一個層面實踐基督徒的德行、遠離惡行。[36] 而這實踐德行、遠離惡行正是浸禮作為施事話語的倫理果效，達至生命轉化和更生的作用。

五

另一施事行為的回憶記號乃是主餐。如果浸禮涉及的是我們怎樣才能有分於基督，那麼主餐就關係到如何可以跟基督重聚聯合。[37] 信徒的靈性生命並不止於浸禮中的悔改歸正，他還要走在追隨基督的道路上。正如麥乾頓所說：「浸禮，標誌著踏上耶穌道路的悔改……而主餐，則回顧〔耶穌〕故事的高峯（十字架和復活），並確切地更新在浸禮中的約誓，以回應上帝宣告的話語。」[38] 在回顧中信徒就近耶穌，我們的故事與耶穌的故事連結一起，被祂改變，按著祂故事所展示的道路來行走。因此，主餐首先涉及的是與耶穌的生命連結成為一體（solidarity），[39] 由此進而與眾信徒成為一體。然而，耶穌不單透過分享祂的生命從而跟我們連結成為一體，並且在分擔中赦免我們的罪（forgiveness of sins），也叫我們彼此寬恕。對主耶穌的分享和分擔，信徒當以感恩的心去記念，這感恩（thanksgiving）本身就是記念的行動。並且，在感恩記念之外，信徒也懷著決心和盼望去領主餐，預備自己走上耶穌的十架道路。主餐同時是指向**終末的**筵席（**eschatological** meal, end-time banquet），信徒在當中固然先嘗天國的榮耀，但卻同時表明決心參與那難免的終末苦難。在這裏，我們可以看到主餐作為施事記號，主要在兩方面產生作用，其一為空間上，另一為時間上。前者涉及的是信徒與耶穌的關係，以及信徒之間彼此的關係；後者涉及的是對耶穌的回顧與前瞻，以及信徒相應當有的感恩與盼望。主餐的作用，就是藉著上述的成為一體、赦罪、感恩及終末苦難和榮耀的先嘗，好建立信徒的生命，不致偏離耶穌的道路，而繼續追隨主的腳蹤。下面我們即就此而作一分析。

首先我們討論成為一體及赦免罪債。把主餐這兩重作用並置而論，主要原因乃在於這兩者均與信仰羣體之建立和維繫有關。事實上，麥乾頓在其《倫理學》率先討論主餐這兩重作用，指出主餐乃「**建立和維繫基督羣體的實踐**」。[40] 麥乾頓首先分析主餐中的兩個動作，指出其分享/分擔的意義：

> 馬太〔福音〕所描述的〔主餐禮儀〕，其中心乃耶穌的兩個分享/分擔行動：其一為餅，另一為杯。當中的主要詞語乃一種分享/分擔的施事行動（the performative acts of this sharing）：「你們拿著吃……你們都喝這個」（二十六26、27）。而每一個動作都附以一個解釋：為餅，「這是我的身體」；為杯，「這是我立約的血，為多人流出來，使罪得赦」（二十六28）。因此，這裏得出兩個不移的要點：成為一體（「我的身體」、「我的血」、「約」）和拯救（「使罪得赦」）。[41]

這裏要注意的是成為一體跟赦免罪債雖然各有不同的意思和重點，但卻是不能彼此分割的。這是因為這兩層意思是互為表裏的，由分享生命而有分擔罪債，由分擔罪債而成就分享生命。麥乾頓由此而拒絕對主餐作象徵的或神祕的或哲學的或綜合的解釋。[42] 很明顯，他反對慈運理（Ulrich Zwingli）的「記念說」，也反對羅馬公教的「變質說」，亦不同意路德的「臨在說」或加爾文的象徵與臨在結合一起的看法，認為這些解釋都未能盡如人意，提出應以神學倫理學的角度去了解。[43]

從施事行動的角度來看，麥乾頓表示主餐首先應注目於立約的舉動，因此不應把耶穌的説話讀成：「這是我（立約）的**血**」，而應該是「這是**我**立約的血」（This is **my** blood-of-the-covenant）。[44] 對耶穌這一施事行動的話語，麥乾頓有進一步的疏解：

> 我們今天晚上在閣樓所分享的這一禮儀，是我對上主在古時的誓約的重新肯定。這禮儀把我們跟昔日的約連結一起，因而也跟昔日上帝與以色列的成為一體連結起來，並且……跟最終的流血犧牲（ultimate blood-sacrifice）相關連，這就是僕人將要在明天在羅馬人的十字架上對上帝的真理所作的見證。[45]

耶穌在晚餐上的施事話語其實是立約的話語，立約話語是犧牲流血行動的開始，是被釘死於十字架上的開始，藉此而使人與昔日已經與以色列人成為一體的上主結成一體。在這一解讀底下，麥乾頓重新分析耶穌的「這是我的身體」一句的含義。

麥乾頓從哥林多前書十二章24節及古代猶太背景這兩方面來作出解釋。古時猶太人在飲食前為食物祝謝，並説「這是我的身體」，十分平常，因為這食物會成為他的身體。[46] 並且，猶太人不單為自己的食物而感恩，也為其同伴的食物謝恩；藉著把餅擘開傳給眾人，從而使得每個人都同樣可以分享和祝謝食物。[47] 耶穌把食物分給門徒，說：「這是我的身體，為你們捨的」，其中要表達的意思乃是：「祂把餅給他們，為的是讓這要成為祂的身體的食物，成為門徒的身體。由此，門徒即與這位要被釘在十字架上的耶穌共融相交而成為一體。」[48] 這禮儀是許諾，是踐行成為一體的舉動，讓門徒的生命可以跟受死又復活的主結成一體。[49] 因此，主餐就是一次成為一體的施事行動，其首要意義乃是倫理生命上的。

然而，對於不是第一代的門徒來說，主餐就表示復活的基督臨在而與我們相交，麥乾頓引用路加福音二十四章30至35節的記載來把主餐應用在今天：[50]「到了坐席的時候，耶穌拿起餅來，祝謝了，擘開，遞給他們。他們的眼睛明亮了，這才認出他來……他們就立時起身，回耶路撒冷去，正遇見十一個使徒和他的同人聚集在一處……兩個人就把路上所遇見，和擘餅的時候怎樣被他們認出來的事，都述說了一遍。」在主餐中，耶穌臨在透過擘餅再次讓我們認得祂是我們的主，以致可以再次與主聯合，「這種與耶穌的聯合乃是再度成為主生命的一分子（re-membering），這是再次的被建立，成為整個身體中的一部分」。[51] 如此一來，主餐並非象徵，而是基督在當中重申祂與我們的立約，與我們聯合成為一體，好讓我們參與到祂的生命的道路中去。這中間就有一種改變轉化生命的作用。

不單如此，麥乾頓更指出，「在這主餐之中我們重新聯合，我們作為主的一分子，乃彼此互相有分（we are re-membered one to another as his members）」，[52] 這就涉及信徒間的彼此合一。基督透過主餐這施事話語，不單要重新讓我們跟祂聯合，以祂為主，同時也要讓我們領主餐的每一位互相接納，成為一個身體。麥乾頓引保羅的哥林多前書，指出分享筵席是彼此相交（林前十14～22），這聚集的教會（林前十16）保羅即視之為基督的身體（林前十二章）。[53] 置於這兩者之間的則是保羅講述主餐的傳統，麥乾頓即由此而確認主餐裏面所說的「這是我的身體，為你們捨的」，其主題乃是門徒羣體之間的合一認同，他們的同一性（identity）在於包容而非排斥。[54] 門徒因著分享主同一的身體，所以就成為同一的身體。主餐踐行成為一個身體的作為，但這不單是把聚集的門徒的生命，鑲嵌入受死又復活的主的生命中，並且同時是讓他們的生命彼此隸屬，相互連結。[55]

事實上，門徒與主的一體性，同時涉及寬恕。沒有寬恕，就沒有一體，而只會出現仇恨及仇恨帶來的破裂。耶穌清楚的說道：「這是我立約的血，為多人流出來，使罪得赦。」（太廿六28）「主餐記念基督把罪人收納進祂的團契之中，並且祂的觸摸**轉化**你們每一個人以致所有人。」[56] 這收納罪人即寬恕罪債的舉動。在檢視過羅馬公教把彌撒理解為獻祭（sacrifice）之後，[57] 麥乾頓贊同他們的堅持，認為「如果獻祭意為一禮儀性的筵席，為神明及敬拜者所共同分擔，那麼把主餐理解為獻祭就是正確的」。[58] 這裏的意思是主餐包含了基督對罪人的接納，以及人的犧牲。所以麥乾頓接著就說：「這裏甚至有一種新〔事〕——即我們新的（或更新的）犧牲獻身，補滿了基督的苦難（參西一24）——好讓人可以有分於上帝為人類緣故所走上的重價旅程。」[59] 我們新的或更新的犧牲獻身，乃是來自主餐中耶穌對我們罪債的赦免；只有再一次經歷耶穌的寬恕，我們才能寬恕別人。主餐的施事作用在這裏顯現出來。耶穌說：「這是我立約的血，為多人流出來，使罪得赦」，不單更新我們與祂所立的約，也同時更新我們跟弟兄姊妹之間約的關係。[60] 這樣一來，主餐就不是純客觀的罪得赦免或純主觀的要求手潔心清；[61] 反之，主餐是倫理性的，是耶穌讓人在當中再次認得祂是主，以致再次領受赦罪的恩典，並且也如此行，赦免弟兄姊妹的罪。

六

主餐作為一種施事話語，上帝在當中作工，信徒的生命被轉化，與主聯合，罪得赦免，並因著同食一個餅，信徒當彼此合一，相互分擔罪債。這種倫理實踐進一步在記念主這一行動中得到支持。麥乾頓指出舊約和新約的記念（*anamnesis*）首要的意思並非內在、心理上的回憶，而是一客觀「行動的記念」（objective “act to memorialize”）。[62] 耶穌說：「你們應當如此行，為的是記念我」（林前十一24），很清楚表明要以行動來記念耶穌，而按麥乾頓的理解，這行動乃感恩的行動，亦即是我們當以感恩的行動記念主。[63] 主祝謝了，分給眾人，門徒就以感謝的心去領受。正因主餐乃是感恩的筵席，今天我們不單以感恩的心去領受，亦當以感恩去記念耶穌。麥乾頓特別提醒我們，主餐不純是記念耶穌的死，或是死和復活，而是記念耶穌自己，因為耶穌說：「為的是記念**我**」（in memory of **me**）。[64] 信徒要記念的是耶穌自己，這也就是祂一生的敘事，因為只有祂一生的敘事才能表明祂的生命。[65] 我們感恩的是耶穌把自己的生命跟我們分享。

由於新約的作者把主餐置於逾越節之中，那就表示這是上主的恩典要臨到眾人身上。因此，主餐就是無分彼此的接納，由此而成的羣體也不是出於信徒所創設的或他們跟上帝立約所成的，反之，這純是上帝的恩典的作為，當他們失喪的時候上帝拯救他們，當他們還作罪人的時候上帝寬恕他們，當他們無處容身的時候上帝招聚他們於桌前。[66] 全是恩典，是以，全心全意的感恩是自然而然的。信徒就是以感恩的行動來記念主的恩典。昔日耶穌「祝謝了，就擘開」（林前十一24），今天我們也當如此行，為的是記念主（參林前十一25）。這裏的「如此行」，就是感恩的行動。也就是說，只有感恩的行動才最配記念耶穌，這是生命的轉化，我們懂得感恩乃在於上帝在主餐這一施事話語中工作。主餐讓我們記念耶穌，可這並不是心理意識中的回想，卻是充滿感激謝恩的觸動，是全人的行動。由此，信徒成了感恩的人。

從主餐中的感恩我們可以進一步談到受苦；在感恩的回

顧中我們同時期望受苦。麥乾頓指出自保羅在哥林多前書講述主餐時指涉的乃耶穌的死亡，新約就強調主餐中的十字架；初期教會的信徒聚集記念，就是記念他們的主要面對生命的危機。[67] 麥乾頓在這裏要強調的是信徒乃是靠著耶穌的苦難遭遇來度過他們人生中同樣的旅程，他指出所有福音書都同樣地把耶穌的受難跟祂對末後事物的教導緊密地連結在一起。[68] 最後的危險、最後的審判、最後的晚餐，全都連結在一起，[69] 在耶穌身上發生；昔日如此，今日又如何呢？今日信徒守主餐，主餐同時指向信徒的當下及將來。昔日的晚餐同時是危險與審判，今日的主餐也同時是危險與審判。昔日耶穌的杯乃是受苦的杯，祂要被世上的權勢殺害；今天信徒飲主的杯，這也是苦杯，表示要與耶穌同樣受到世上的權勢欺壓。[70] 主餐作為施事的話語，乃是信徒義無反顧地與主同行，追隨祂的腳蹤，預備受許多從這個世界而來的苦和審判，一如昔日主耶穌那樣子。麥乾頓沒有忽略主餐同時是一期盼性的記號（anticipatory sign），但他指出，這期盼首先乃是對危險、審判的期盼。[71] 當然，這並非終末圖畫的惟一面相，但卻是真實無可否認的其中一面；「羔羊召喚我們將來參加的乃是伴隨苦難的筵席，而在羔羊最後婚禮的筵席中坐席的，則是在羔羊爭戰中留下傷痕的老兵」。[72] 因此，信徒領受主餐，乃是再一次下定決心追隨基督，走上受苦的道路，作主的門徒。與耶穌成為一體，並非一種神祕的聯合，而是一種在世界中的生命實踐，是在一條走向十字架的道路中完成的。

七

信仰強調實踐，而一切的實踐終不可能離開生命的改變、更新與轉化。如果我們從這一前題出發，那麼，我們就不可能忽略浸禮和主餐這兩個禮儀的實踐意義，或在某種解釋底下淡化其實踐意義。麥乾頓採取施事話語來解讀浸禮和主餐所產生的作用，從而揭示這兩個禮儀在倫理上的實踐意義，展示出其對信徒生命所具有的轉化效果；並且，這不是靜態的，而是動態的，即信徒在參與的行動中與上帝互動，在互動中產生了生命轉化的效果，而這互動乃是以施事的話語為中介的。

浸禮和主餐乃回憶的記號，可是這並非心理的回想。當這些禮儀是一種施事的行動，那它就不只是引起內心的回憶那麼簡單，它同時引發參與實施這禮儀的信徒的生命回應。這回應涉及其全幅生命的投入及獻身，是全人的而非知識思想的。換句話說，在施事的行動中，禮儀觸及信徒的全幅生命，正是在這一觸及中同時產生了更新和轉化的作用。信徒的全幅生命在浸禮這一施事的行動中被捲入一場扭轉方向重新上路的革命，信徒在主餐中的回憶其實是一次轉化生命的實踐。如果浸禮是這個轉化生命的實踐的起點，那麼主餐就是在這條道路上持續不斷的更新改變的行動。如果浸禮是個別信徒轉向上帝又被上帝施恩赦罪，並因此而為信仰羣體接納成為一體，那麼主餐就繼續讓信仰羣體中的每一個信徒在共同參與主餐之中持續地建立、更新與耶穌基督以及彼此間的合一關係；既從主那裏不斷地領受赦罪的恩典，又互相分擔罪債。不單這樣，信徒整個生命因著領受恩典而被引發、轉化成感恩的生命；整個信仰羣體成了感恩的羣體，活在感恩的生命狀態之中。[73] 同時，信徒也在主餐中因著與耶穌成為一體而分享祂的苦杯，在感恩的生命狀態底下跟隨耶穌的腳步面對從世界而來的逼迫。主餐因而成了建立和更新信仰羣體的重要實踐。

麥乾頓對浸禮和主餐的分析表明了這兩個禮儀的倫理實踐作用，而有別於羅馬公教、信義宗和改革宗；既突顯出浸信宗信仰的實踐性，又貫徹浸信宗的原初洞見：作門徒及建立羣體，對華人教會來說，這是不能隨便忽略過去的。

唐慕華對教會世俗化的批判：

從教牧與崇拜切入

一

就筆者有限的知識，唐慕華（Marva J. Dawn）沒有寫過一本書叫「對教會世俗化的批判」，但這並不表示在她眾多的著作中，並不蘊含著對教會世俗化的批判，事實上，剛剛相反，她的著作有許多都是衝著教會世俗化而來的批判。

舉個例子，唐慕華與畢德生（Eugene Peterson）合著的《顛覆文化的牧養之道》（*The Unnecessary Pastor: Rediscovering the Call*；陳永財譯〔香港：天道出版社，2006〕）正是針對今日那些牧養教會的牧者而寫的，要他們做個「多餘的牧者」（unnecessary Pastor）。這「多餘的牧者」很有意思，是針對三方面來說的：一、對**文化**假定為重要的事情——要我們作善良和正派的完美典範——我們是多餘的。二、對**我們自己**覺得必不可少的事情——作為維繫會眾的關鍵——我們也是多餘的。三、對**會眾**堅持要我們做的事和擔當的身分——幫助他們在競爭中領先的專家——我們也是多餘的。（頁4～5；頁碼為中譯本頁碼，下同）畢德生說：「唐慕華和我將會為牧者建立一個『多餘的身分』，抗衡這些來自文化、自我和會眾的期望。我們確信，只有明白自己是多麼多餘的，我們才能夠自由地做那『不可少的一件事』——福音對牧者既榮耀卻又艱辛的生命必不可少的要求。」（頁5～6）

牧者是教會的牧者，他們牧養教會，但他們牧養教會是受制於甚麼呢？上面的引述表示了畢德生和唐慕華並不以為牧者是因著滿足文化、自我和會眾的要求而牧養他們的。這是誰作主的問題，誰是牧者的主呢？誰是那些牧養教會的牧者的主呢？畢德生表示他和唐慕華共同的信念是：

> 牧職源自神在耶穌基督裏的啟示，也由這啟示模塑。牧職在世界的文化中進行，但卻不是衍生自這文化。牧職與世界緊密相連，但卻不是由世界決定。福音是白白賜給我們的，不單因為我們不用付出金錢便能夠得到，也因為在更基本的意義上，福音表達了神的自由——它不是源於我們的需要，而是源自神的恩典，三位一體的神——不是文化，也不是會眾——才是接受牧養訓練和理解牧養召命的基本場景。（頁6）

教會世俗化如果是一個事實，那麼我們是否可以認為牧者可以洗手表示這與他沒有關係呢？抑或，牧者自己就是教會的一分子，因此，他怎樣理解牧職就怎樣實踐牧職；他怎樣實踐牧職，教會就得變成怎樣子。

唐慕華與畢德生合寫《顛覆文化的牧者之道》，這一中文譯名進一步詮釋了英文書名 *The Unnecessary Pastor* 的意思。多餘的牧者就是要顛覆文化的牧者之道，也就是不依據這個世界的方式——文化、自我，會眾的期望和要求——來牧養教會，而只依循三一上帝和祂的福音。若果這不是對世俗化的批判，又會是甚麼呢？當然，我們可以更準確的來描述這本書，就是「對世俗化的教會牧養的批判」！

二

還可以多舉一個例子。我們都知道，唐慕華以討論和研究崇拜而為世所識。我們都知道，當我們基督徒講到崇拜時，必定是講教會這個羣體的共同崇拜。同樣，唐慕華沒有抽離信仰羣體來討論、思考崇拜。為甚麼？在這裏可以有深淺不一的理由。在她的小書《樂在敬拜的生活》（*How Shall We Worship?: Biblical Guidelines for the Worship Wars*；林秀娟譯〔台北：校園書房出版社，2007〕）的導論中，她問道：

> 在我們的會眾中，有許多人並不了解敬拜是甚麼！在這個異鄉的世界，我們怎能歌唱上主的歌？在這

> 個愈來愈少人知道敬拜是甚麼的文化中，教會應該怎樣進行敬拜？會眾可以怎樣培育他們的教會肢體更深了解敬拜的意義和禮儀呢？
>
> 「去敬拜」，意謂甚麼？如果問那些跟你一起敬拜的基督徒為甚麼他們會在那裏，答案會是甚麼？他們的答案會具有聖經基礎嗎？或者，他們的答案揭露出的是他們深受環繞在教會周圍的文化之影響。（頁12；編按：頁碼為中譯本頁碼，下同）

這兩段引文，我們看到甚麼？我們看到，唐慕華認為「愈來愈少人知道敬拜是甚麼的文化」，以及「他們深受環繞在教會周圍的文化之影響」。或許我們會覺得，這又有甚麼問題呢？不知道敬拜是怎樣的文化，以及受教會外面文化的影響，又有甚麼大不了。我相信，對於唐慕華來說，這是銅幣的一面，另一面就是說，教會的崇拜就是不屬於上帝的，不符合聖經的，結果問題變成是：「能夠使教會成為環繞在他們身邊的世界所需要的教會嗎？」（頁12～13）這可不就是世俗化教會崇拜的表示嗎？帶來的就是世俗化的教會，結果是與身邊的世界沒有差別；如果顯然沒有差別，那麼這個世界還會認為教會有甚麼特別嗎？若站在上帝這一邊來看，教會已經失去了作鹽作光的功用了，已經無用了。

在《非凡的敬拜——重尋敬拜與佈道的關係與意義》（*Reaching Out Without Dumbing Down: A Theology of Worship for This Urgent Time*；陳永財譯〔香港：學生福音團契出版社，2007〕）的序言中，馬提（Martin E. Marty）這樣形容唐慕華這本書：

> 她一旦帶領他們進到神的家，便不希望他們只是得到娛樂慰藉：「崇拜應該殺死我們。」崇拜應該抗衡文化這些「習性」：將神和敬拜變成商品，友善而客氣，但卻從不以敬畏的心處理神人關係，以致往往缺乏能力，將敬拜的人從既束縛他們也單調乏味的文化中釋放出來。（頁xiii；編按：頁碼為中譯本頁碼，下同）

馬提這段介紹告訴我們唐慕華把教會崇拜視為抗衡世俗文化的活動，把人從世俗文化的束縛中釋放出來；並且需要扭轉那種將上帝和敬拜變成商品的做法，這無疑是批評教會中的世俗化，而這種世俗化尤其表現在敬拜之中的商品化，只顧討好和友善的氣氛，卻沒有讓人跟上帝建立真正的關係：敬畏上帝，「主日崇拜沒有使我們顫慄」（《樂在敬拜的生活》，頁13）。

唐慕華自己在《非凡的敬拜》這本書開首時就說到她對教會最關心的是崇拜：

> 有關「教會」的事，我最關心的是崇拜，因為崇拜在品格形成方面的潛力相當微妙，而且經常被人忽

> 略，但崇拜對教會會眾的心思、意志和生命都有很大的影響。事實上，我們怎樣崇拜，既反映我們個別和羣體的身分，也模塑這些身分。」（頁5）

喜歡也好，不喜歡也好，崇拜是反映和模塑著教會個別弟兄姊妹和整體會眾的身分——即個別的身分和整體的身分。這種身分包括了他們的心思、意志和生命，是涉及他們對事物的看法（世界觀）和決斷的行動方向。於是，有怎樣的崇拜就有怎樣的教會，這是崇拜模塑教會；有怎樣的教會就有怎樣的崇拜，這是崇拜反映教會。在這裏教會是弟兄姊妹的信仰羣體。如果崇拜與教會有這樣密切的關係，那麼我們就要跟隨唐慕華，要不斷問一個基本的問題：「我們在崇拜方面的努力，能否帶來與神的真正讚美，令『教會』每一個成員和整個基督徒羣體在品格上都有成長？」（頁14～15）唐慕華在這裏關心的是品格的問題，這是受侯活士的影響，她表示她在聖母大學（University of Notre Dame）研究院求學時，侯活士教導她「品格倫理學」，並表示將永遠從他的著作和演講中得益。（唐慕華：《真情真性——性偶像文化的批判》〔*Sexual Charater: Beyond Technique to Intimacy*〕，陳永財譯〔香港：學生福音團契出版社，2005〕，頁vi）

唐慕華清楚表示她對品格的關心：

> 聖經、「教會」歷史以及我自己的信仰、經驗和訓練都令我確信，我們個人和羣體的基督徒生命是否

> 活潑和忠誠，我們與周圍世界的接觸是否有效，都有賴在我們裏面形成的品格。我關心的是本地的教區和宗派有沒有透徹地思考崇拜和文化，讓我們可以在當代社會中有效地運作。我們怎樣才最能夠接觸社會，而又不致將形成我們的品格所不可或缺的東西淺陋化？（頁5）

她在《非凡的敬拜》第一章有一節的標題就是：「教會」的任務：讚美神和培養品格。我們在這本書中可以清楚看到唐慕華對「教會」任務的看法，也同時看到她對「教會」的批判，而這個對「教會」的批判，又跟她對文化的批判有關。如果我們要簡單地把握唐慕華以上的看法和批判，我想可以用「品格」兩個字來貫穿其中。在這一章中她就提到：

> 我們必須明白現代社會和以往的重大差別。現代社會妨礙人們模塑基督徒的品格。（頁9～10）

> 在現今的文化中，我們只是少數派，是一個另類的社會。像早期的基督徒一樣，我們盼望成為一羣由聖經的敘事和信徒羣體模塑的人，而不是由周圍世界的特質來模塑。（頁11）

教會這個羣體透過崇拜或在崇拜中模塑當中的人，無論是信徒或非信徒，那麼，她是用甚麼來模塑呢？唐慕華毫不諱言表示：由聖經的敍事而不是周圍的世界來模塑。後者就是崇拜世俗化，引致教會世俗化，結果是信徒品格世俗化。唐慕華肯定前者但卻否定後者，這明顯是批判後者的舉動。

唐慕華進一步使用「淺陋化」來形容我們的教會和崇拜。她在這書的第一章繼續就此而提出發人深省的質詢：

> 真的，所有在「教會」事奉的人都希望忠於「教會」，而不是使「教會」淺陋化。問題是，我們是否知道自己在甚麼時候，或者是否正在帶來這樣的後果。牧者、樂手、參加崇拜的人和教區領袖也知道自己在使崇拜淺陋化，但卻認為必須這樣做，才能吸引現代文化中的人？（頁13）

唐慕華提議我們不單需要考慮教會外面的文化因素，也要顧及「教會」裏面的聲音，因為這些聲音會影響「教會」對其自身的理解和實踐（頁12）。事實上，「教會」裏面的聲音極有可能就是內化了的世俗文化，這些世俗文化就是使得教會淺陋化、崇拜淺陋化的不可忽略的原因。唐慕華對品格及品格倫理的討論，可以參考她的《真情真性》第一章第四節「教會必須盡本分：品格倫理學」。

三

我們在這一節主要講述唐慕華對教會及崇拜世俗化的分

析和批判，而焦點則集中在《非凡的敬拜》第三章「當代偶像崇拜的文化外面」。在這一章之中，唐慕華開宗明義指出「社會的偶像崇拜已經大舉入侵『教會』和『教會』的崇拜」（頁52），而所謂偶像崇拜包括了下述各種：

> 效率之神
> 對金錢的偶像崇拜
> 對「我們向來都是這樣做」的偶像崇拜
> 「二手主觀主義」的神以及對「名人」的偶像崇拜
> 競爭之神以及對數字和成功的偶像崇拜
> 對權力的偶像崇拜

在這一章中唐慕華選取了聖經的詞彙「偶像崇拜」來形容描述教會之內的世俗化，並對這一現象作出批判。值得注意的是，唐慕華把這一切的偶像崇拜視為病徵，「顯示出背後的邪惡勢力引致我們這個時代的文化對『教會』產生重大的影響。這個邪惡勢力在聖經中的描述是『執政和掌權的』。」（頁67）「掌權的將效率、金錢或名譽等事物變成我們生命中的神。」（頁67）而更重要的是，也更尖銳的是，唐慕華說：

> 當一如以往地辦事的需要導致人虛假地指控別人，作出欺詐的行為、操控別人，藉以取得權力，我們肯定可以看到邪惡的力量正在「教會」內工作。（頁68）

邪惡的力量在教會內工作，敗壞的將是甚麼呢？唐慕華說：

> 如果我們容許社會逼使我們將「教會」淺陋化，便會殺死神學訓練，妨礙品格模塑，阻止我們欣賞「教會」過去豐富恩賜，破壞崇拜特有的敬畏和驚歎，最終將神變成只是一個「老友」，對祂產生錯誤的理解，也只有主觀的經驗。（頁69）

我們在這裏又回到品格模塑的主題上來。崇拜是一個焦點，可以折射出教會生活的狀況，也可以反映出唐慕華對教會世俗化的批判，即使在她的《無望世界真盼望——科技社會中的信仰生活》（*Unfettered Hope: A Call to Faithful Living in an Affluent Society*；陳永財譯〔香港：學生福音團契出版社，2006〕）第四章所說的，即我們和教會有沒有依照中心關注而活，也是重複《非凡的敬拜》第三章的看法。因此，上述提到的六種偶像崇拜不單是崇拜時出現的問題，也具體而微地在崇拜中反映出整個教會的問題。在這六種的偶像崇拜中我們看到唐慕華的批判是甚麼呢？

在崇拜中對效率的崇拜，對金錢的崇拜，對習以為常的做法的崇拜，對二手淺陋化、娛樂化、名人化的經驗的崇拜，對數量或成功的崇拜，對權力的崇拜，全都不止於是教會崇拜中出現的現象，而在根本上乃是教會本身的問題所在。但我們又該怎樣了解這些偶像崇拜呢？以致我們可以作出相應的批判呢？當然大家可以進到唐慕華的批判中去，而她的批判很簡單，這些偶像崇拜並不真能幫助我們敬拜上帝，也有損我們的品格塑造。或者說，在這種崇拜底下，我們的品格被塑造成只顧效率而缺乏耐性，只看重金錢而忽略精神修養，只循習慣做事而缺乏想像創新，只有浮淺的表面經驗而缺乏深沉深刻的經歷，只追求量化而不重質優的生命，只崇尚控制的權力而忽視服事的能力。這些都是深刻的批判，值得我們繼續深思，不單對教會崇拜有所反省，也對教會本身的生命和生活作出細究。然而，我在這裏想從我個人的角度提出我的分析，來總結唐慕華對教會的批判。

簡單來說，我認為教會世俗化的其中一項主要特徵是可以從時間性的角度來思考的。如果我們談的世俗化是一種現代性的世俗化，那麼，我們就可以從現代性的時間觀來了解世俗化的問題。現代性的時間觀是以「現在」為尚的，引申出來的是當下呈現，當下控制。至於將來，則必須是一個可以計劃、可以計算、可以操控的將來，即變成為「現在」所掌握的將來。於是，將來失去了其可能性、未知性、驚訝性、奧祕性、他者性、異己性、異於現在性，所以我們有「明日科技，今天享受」、「明日夢想，今天實現」等廣告口號。這種心態追求的是即時的，以及隨之而來的控制及對掌控技術的崇拜。就這一點來說，我們會了解為甚麼唐慕華會談科學技術的問題，也談安息的問題，這兩者是互有關連的。簡單來說，前者在於控制，後者在於放手；前者重點在人自己，後者強調上帝。回到我們的問題上來說，則唐慕華所談到的教會中的種種偶像崇拜，都不過是出於一種現代性的時間觀：「現在」、「即時」是一切之所在。所以我們重視效率、爭分奪秒，盡量在最短時間內掌握或體會真理、與上帝的相遇、宗教或信仰經驗；我們重視對金錢的使用，希望這些金錢能幫助我們獲得即時的信仰體驗；我們也追求淺陋化、名人化的二手信仰經驗，因為可以不用花太多時間自己去讀經去安靜去默想去靈修；我們也高舉數量式的增長而非質素的增長，因為數量式的增長是容易操控的、容易達到的，投其所好就可以了，提供淺陋化、娛樂化和名人化的信仰聚會就可以了；相反，質素的增長卻很花時間，又無必然保證，又花資源，「慢工出細貨」固然好，但太慢了；我們也追求權力，追求控制一切的權力，既能控制一切，那麼「現在」就可以實現一切、實現我們心目中的效率、二手信仰經驗、數量式成功，諸如此類。

唐慕華談安息日，其實是對現代性的批判，也是對已世俗化的教會的批判。我在這裏不打算多談，就讓大家自己去看這本書吧。這是屬於靈性操練的領域，但這種靈性操練的實踐不純是抽離日常生活的，而同時是日常生活的，意即應同時在日常生活中實踐安息，讓安息的實踐滲透到每一日的生活中去，而不單單是星期日／禮拜日的實踐。當然，在今天的教會生活中，禮拜天並非禮拜天、安息日，因此，禮拜天的分別為聖而為安息日是不能不大力強調的。只是我們日常每一天的生活，也同樣需要「安息」的精神。我在這裏不打算多談，但我想指出，安息日的信仰是另一種時間觀，不是現代性的時間觀，不是重視「現在」、「即時」，而是重視「停頓」、「等候」，這涉及「將來」。安息日的信仰是仰望的信仰、放手的信仰，而不是控制、即食的信仰。是以，從這個角度來看，我們大概可以明白唐慕華對教會世俗化的批判，也明白她的著作所蘊含的對教會世俗化的批判。

文章原出處

糅合崇拜：歷史與當代、秩序與自由、現在與將來（原刊於《基督教週報》第2024～2079期〔2004年5月23、30日，6月6、13、20日〕，原講於二〇〇三年七月三十日香港浸信會神學院舉行的聖樂營）

始於三一上帝及終於三一上帝的崇拜（原刊於《山道期刊》第23期〔2009年7月〕，頁137～157。本文最初以「從聖經中看崇拜」為題，講於二〇〇五年五月四日三宗（宣道會、播道會及浸信會）同論泛靈恩的聚會）

浸禮、主餐與生命的轉化：麥乾頓的觀點（原刊於《山道期刊》第15期〔2005年7月〕，頁46～81，原題為〈浸禮、主餐與生命的轉化：浸信宗神學家麥乾頓的觀點〉，現稍作刪節）

唐慕華對教會世俗化的批判：從教牧與崇拜切入（原刊於《時代論壇》第1063期〔2008年1月10日〕，講於二〇〇七年十一月二十七日FES訓練中心舉辦之「世俗化裏的靈性：唐慕華思想初探」，原題為〈世俗化對教會的挑戰：唐慕華對教會世俗化的批判〉）

延伸閱讀

威爾遜的《真的上教會？——教會教拜、事奉與使命的重塑》第四章「崇拜作為三一的踐行」簡短到位的談到教會崇拜的三一基礎，第八章「洗禮、聖餐禮和洗腳禮作為有分於基督」從踐行的觀點重新解釋這三個禮儀對塑造教會的意義。此外，James Wm. McClendon, Jr., *Doctrine: Systematic Theology*, vol. 2 (Nashville: Abingdon, 1994)，第九章 “The Sign of Salvation: Christian Worship” 除了講到崇拜的三一基礎，更與韋柏的《崇拜：歷久常新》（*Ancient-Future Worship: Proclaiming and Enacting God's Narrative*；陳永財譯〔香港：基道出版社，2009〕）互相呼應，重提崇拜乃回憶與盼望的教會活動。當然，韋柏的《崇拜：認古識今》（何李穎芬譯〔香港：宣道出版社，2000〕），於了解糅合崇拜的精神，是不可錯過的。唐慕華的《非凡的敬拜——重尋敬拜與佈道的關係與意義》（陳永財譯〔香港：學生福音團契出版社，2007〕）對當代迷失的教會崇拜，無疑是鞭擗近裏的剖白，同樣回歸崇拜乃塑造信徒德性生命的觀點（特別是第七章）。

3

宣講

被召原為宣講

——閱讀威廉蒙討論巴特宣講召命的札記

一

這篇文章的題目，跟美國著名的「講道人神學家」（preacher-theologian）威廉蒙（William H. Willimon）的近作《與巴特談講道》（*Conversations with Barth on Preaching*）[1] 第十章的題目“Called to Preach”不謀而合。那一章是全書的壓卷之作，意義深長。威廉蒙在這一章確定了宣講的地位，這涉及兩方面：一方面是宣講在教會中的地位，另一方面是宣講在被呼召作牧者的職事之中的地位，並且，這兩者有著緊密的關係，是不能分割的。威廉蒙的論述，不單展示出巴特（Karl Barth, 1886～1968）這位二十世紀偉大的「教師神學家」（teacher-theologian）對宣講的重視，也同時毫不避諱地對巴特這方面的思想提出了批評及補充，推進了「被召原為宣講」這一題目的闊度和深度。

威廉蒙現為美國聯合循道教會（The United Methodist Church）伯明翰（Birmingham）地區的主席主教（Presiding Bishop）。他曾經任教於杜克大學（Duke University），先後為神學倫理學及基督教事工的教授，並為大學教堂駐堂牧師，著作超過五十本，廣及釋經、講道、崇拜等範疇，包括與侯活士合撰的名著《異鄉居民：在基督徒殖民地上的生活》（*Resident Aliens: Life in the Christian Colony*；編按：中譯本將由基道出版社出版）。一九九六年貝勒大學（Baylor University）進行的一次國際性調查，威廉蒙獲選為英語世界十二位最具影響力的宣講者之一。其於二〇〇二年出版的《牧者：按立職事的神學與實踐》（*Pastor: The Theology and Practice of Ordained Ministry*）[2] 亦深獲好評，該書討論牧者的各種職事身分，包括祭司、聖經的解釋者、講道者、輔導者、教師、傳福音者、先知、領袖、人格，以及有紀律的基督徒。

無疑，牧者被召並不單單只為宣講。正如威廉蒙《牧者》一書所展示的諸種職事，宣講只是其中一項。然而，如果我們追溯教會歷史，就會發現「被召原為宣講」這一講法是有其重要的神學與教會意義的。這意義，簡單來說，就在於對上帝話語——聖經——的高度尊重。筆者為甚麼會提出這樣的講法呢？我們必須注意到，在教會歷史上，特別強調牧養的首要職事在於宣講的時期，是宗教改革時期。無論路德、加爾文還是慈運理都如此著重，為甚麼呢？理由十分簡單。從反面來說，就是當時的羅馬天主教會並不重視福音——上帝話語的核心——的宣講。從正面來說，就是只有福音——上帝話語的核心——才能建立教會這個信仰羣體。如果宗教改革家強調宣講職事的重要性，是因為他們重視上帝的話語，那麼，我們雖然不必把牧者的一切職事化約為宣講職事，可是也不能把眾多不同職事的價值均等化起來。如果宣講的職事顧名思義是宣講上帝的話語，而上帝的話語又是建立教會所不可或缺的，那麼宣講職事就應該在眾多職事之中具有核心的地位，藉此連結起其餘眾多職事，使得各項職事都以上帝的話語為其核心，從而有分於建立教會。

威廉蒙在《牧者》一書的第七章論到牧者就是講道人，是上帝話語的僕人。文中引述了昔日路德論到這一職事的墮落，值得在這裏引出來提醒今天的教會：

> 三種極嚴重的濫用已經使得服事上帝這一事情墮落了。首先是，在教會中沒有宣講上帝的話語，只有讀經與歌唱。其次是，由於上帝的話語受到壓抑，許多非基督教的發明及謊話滲入了讀經、歌唱和講道等事奉之中，看得令人心寒。再者，服事上帝被視為善行，信徒可望藉此換取上帝的恩典和拯救。這樣一來，信仰就凋零了，人人都想捐助教會，或是成為教士、神父或修女。[3]

路德這段文字揭示了在他眼中的羅馬天主教會的崇拜情況。按一般的理解，崇拜作為服事上帝的場合，宣講上帝的話語自是不可或缺，可羅馬天主教會竟然輕忽這一重要服事，後果自然是容讓世俗的元素滲入整個服事之中。講道既然不重視宣講上帝的話語，結果就變成只是傳揚人的道而不是上帝的道。當崇拜不再以上帝的話語為內容和規範，那麼當中每一環節，包括唱詩和讀經都可以扭曲變形，成為一台戲，成為取悅上帝、獲取救恩的演出。尤有甚者，路德指出這樣使得教會充斥許多心思不純正的聖品人員，教會亦自此墮落，並且陷入惡性循環之中。

如果宣講上帝的話語是牧者職事的核心（雖然並非惟一的職事），並且牧者一切的職事皆由上帝的話語所規範，話語的職事滲透其中，那麼，我們可以將牧者的職事理解為廣義的上帝話語的職事，然後從這一角度來確定牧者之被召，是為了宣講上帝的話語。讓我再一次強調，這樣的講法並非說牧者的職事就只是宣講的職事，而毋寧是表示以下兩重互相關連的意義：首先是宣講話語的職事是核心的職事，其次是一切職事均為話語的職事所滲透。本文就是在這兩重意義底下來宣稱：被召原是為了宣講。

二

以下我們主要就著威廉蒙的作品，特別是他在《與巴特談講道》第十章的內容，闡釋我們的主題。當然這裏筆者並沒有甚麼個人獨到的見解，所希望做到的是透過威廉蒙對巴特宣講召命的疏解及補充，讓華人教會再次重拾宣講上帝話語這一不可或缺的——雖然不一定是惟一的——職事。筆者這樣說，是因為華人教會越來越陷進威廉蒙所講的境況之中。他這樣說：

> 我想這是很悲哀的，就是太多這時代的牧者，看來只是被呼召作牧者——會眾的關顧者、經理、組織的領導——而不是講道人。這些講道人曾經聽過了一些東西，這些東西是不能不說出來的。[4]

威廉蒙這裏的悲哀是十分深沉的。如果牧者不宣講，不講道，那他如何牧養會眾呢？意思是，牧者拿甚麼來關顧會眾，拿甚麼來領導教會，拿甚麼來管理、推動事工？宣講、講道預設了聆聽、領受上帝的話語：聆聽、領受，然後宣講。牧者若不宣講，是否表示他根本沒有聆聽，以致他沒有被催逼要講出上帝的話語？我們這樣指出，背後隱含的意思是聆聽、領受跟宣講有一緊密的、不能分割的關係。之所以如此，是因為聆聽、領受的是上帝的話語；上帝的話語催逼聆聽者、領受者把他們所聽見、所領受的向眾人宣講出來。簡單來說就是真正聆聽了、領受了上帝話語的人，必然會含忍不住，總要把上帝的話語講出來，與人分享。

威廉蒙便是在這一意義下討論宣講的召命。宣講的召命跟聆聽不能分割，而領受召命亦跟聆聽不可分離。牧者是在聆聽上帝的話語底下領受召命的，那麼他首先領受的召命自然就是把他聽到的上帝的話語傳講開去。為甚麼是這樣子呢？這涉及聆聽上帝的話語是怎麼的一回事。聆聽上帝的話語表示上帝首先向我們說話，就是所謂啟示。但在巴特的神學中，上帝是以三重話語來向我們說話的，即成文的話語（the written Word）、宣講的話語（the proclaimed Word）及啟示的話語（the revealed Word）。[5] 三者都是上帝的啟示，都是以不同的方式出現，並且彼此互有關連的。簡單來說，離開教會對聖經的宣講，我們不能跟耶穌基督這啟示的話語相遇；同樣地，沒有聖經這成文話語對啟示話語的見證，則教會不可能作出任何宣講。最終，成文的話語與宣講的話語都必須以啟示的話語為其內容，否則前兩者都是空洞的。但對巴特來說，這三重話語之所以成為上帝的啟示，除了因著耶穌基督是其內容之外，還不能忽略聖靈的工作。巴特以耶穌基督為啟示的客觀面向，以聖靈為啟示的主觀面向。這樣了解上帝的啟示，意味我們對上帝話語的聆聽並非出於自己的感受、意見，而是在於上帝藉著聖靈在基督裏與我們溝通，彰顯祂自己。此外，這也表明上帝的溝通並非客觀知識的傳遞，而是位格知識的建立。

威廉蒙特別指出對巴特而言，上帝的啟示總是「位格的」（personal），亦即是從主體到主體的。[6] 這意味是上帝主動跟人溝通。祂向我們言說——透過聖靈在基督裏藉著宣講成文的話語，然後我們聆聽；我們又透過聖靈，把成文的話語宣講出來，回應基督。聖靈成了我們與基督——上帝的話語——相遇相交的中介；在聖靈裏基督向我們言說，在聖靈裏我們聆聽基督的言說。這向我們言說的基督，這位我們聆聽的基督，並非甚麼抽象的原則、系統，而是正在向我們言說的主體，那位活生生的位格（the living person who speaks on the move）。[7] 正因是這活生生的位格向我們言說，故此我們所領受的是活生生的、具體的召命。上帝發出的並非普遍、抽象的原則，而是具體的話語，要改變我們的心意，引發我們踐行出來，指導及規範我們的生活。是在這一意義底下，我們説上帝的講道並非客觀知識的傳遞，而是位格知識的建立。這位格知識的果效不單涉及我們對上帝的親身體會，而且導致我們自身生命的更新和轉化，規範我們的行為。這對於被呼召作講道人、宣講上帝話語的人來説，尤其重要。

簡單來説，沒有聆聽過上帝話語的人，不能宣講上帝的話語。聆聽過上帝話語的人，其宣講就必須忠於他所聆聽的，他不能背乎他所遇見的上帝的話語——耶穌基督。威廉蒙就此説：「講道人乃是像抹大拉的馬利亞那樣與基督這位格相遇的人。他們是在講道時嘗試忠於那位召喚者的人。」[8] 他進一步引述巴特説：「不是人人都能夠這樣做〔言説上帝的話語〕。不是人人都能夠言説上帝的話語，因為不是人人都聽到了上帝的話語。」[9] 威廉蒙繼而指出：「每個聆聽的人，都能夠並且必須言説。」[10] 因此，聆聽與召命有著不可分割的關係。[11] 一方面，宣講召命的先決條件是聆聽上帝的話語。宣講不是宣講某些關於上帝的東西，而是上帝首先就近我們，向我們説話。[12] 宣講之所以可能，乃在於聆聽；因為所聆聽的是上帝的話語，在聆聽上帝話語的時候，上帝就近我們向我們說話，所以我們能夠言說上帝的話語，並且必須言說上帝的話語。是以，另一方面，聆聽之後，必須宣講；聆聽上帝的話語，就成了領受宣講的召命了。

這樣的說法，要進一步予以釐清。原因很簡單，信仰羣體在主日崇拜時聆聽上帝話語的宣講，即或他們都真的在聖靈的感動下聽到上帝的話語而與耶穌基督相交，卻不會人人都領受召命，全時間當上宣講上帝話語的牧者，但這也並非表示他們跟這樣的服事毫無關係，可以完全置身事外。我們可以這樣理解：即或不是每個聽到了上帝話語的人都需要全時間宣講上帝的話語，可是當上帝的話語已經滲入我們的生命與生活，更新我們的生命與生活，我們也就責無旁貸，並且心甘樂意，甚至含忍不住，要在生活的一切層面和處境中把握機會宣講上帝的話語。因此，這中間的分別只是全時間的專一的召命，抑或是日常的、滲透的召命。我們是在聆聽上帝話語的過程中，一同領受宣講的召命，分別只在於是全時間的、專一的實踐，抑或是日常的、滲透的實踐。

三

威廉蒙由講道人被呼召宣講，進而深入發掘這一呼召所蘊含的兩重意義。事實上，從聆聽話語開始，講道人所領受的召命就已無可避免地同時蘊含另外兩重呼召在內：其一是藉信而非其他力量來完成宣講的任務，其二是愛上帝多於愛會眾。這兩重呼召，是宣講召命所不能或缺的組成部分。威廉蒙對巴特的宣講召命的正面了解，可說是以此為重點。另一方面，他又在這一基礎上提出了批評——雖然嚴格來説並非批評，因他並沒有徹底全然否定巴特的宣講召命，而是語帶維護地指出其不足，同時予以補充、修正和發展。下面我們首先介紹他對巴特的正面了解。關於宣講的這兩重呼召，威廉蒙這樣寫道：

> 成為講道人，他是被呼召藉信而行，這是冒險的事奉。沒有靠山，沒有任何哲學證明我們的宣稱是成立的，也沒有修辭策略可藉之達到我們的目標，只能信靠上帝言說那我們自己所不能言説、但又必須言説的。[13]

> 成為講道人，就是被呼召愛上帝多於愛我們的會眾。[14]

威廉蒙識別出巴特這兩重呼召，可説已深得巴特神學的精意。然而，他在欣賞和肯定巴特之餘，也同時批評和修正巴特，因為巴特的宣講召命不單指出宣講首先在於聆聽這一與耶穌基督相遇的位格關係，並且由此進一步規範宣講活動。換句話説，領受宣講的召命不單是領受「去宣講上帝話語」的任命，更是領受「如何去宣講上帝話語」的任命；後者涉及怎樣的宣講才是真正宣講上帝的話語，完成宣講的召命。如果宣講的召命始自聆聽上帝的話語，而宣講的內容又是上帝的話語，那麼，宣講的方式亦是由上帝的話語所規範，以確保所宣講的是上帝的話語。換言之，這兩重呼召就是對宣講上帝的話語作出規範。

第一重呼召涉及的是，宣講上帝的話語是否訴之於上帝話語以外的權威或策略，抑或純粹讓上帝的話語言說出來。第二重呼召涉及的是，宣講上帝的話語是否旨在討好會眾，以致受制於會眾，抑或只為忠於上帝。巴特的重點是上帝的話語就是一切，有絕對的權威，本身會產生果效，不假外求。「巴特告訴我們這些卑微的講道人：我們可以持續恢復活力，相信不管我們的講道如何差勁，也不管我們的聽眾聽得如何差勁，上帝的話語必然會勝過一切。」[15] 因此，第一重呼召提醒我們，傳講上帝的話語，只需專注於上帝的話語而無須理會其他。對巴特來說，傳道者就是傳令官（preacher-as-herald），[16] 因此講道是上帝的活動（theological activity），不單內容如此，方法也是如此。[17] 就內容而言，巴特針對的是把講道降格為道德建議、美好生活指南、政治解讀，又或看似有用的做人道理。[18] 就方法而言，他針對的尤其是講道的修辭技巧。[19] 傳令官的工作是忠於他所聽到的信息，順服地傳講他所接收的，確定他所講的符合上帝話語的要求。[20] 他不容在內容上有所更改增刪，也不容在方法上使用人為的修辭技巧去說服人：

> 信息創生其聽眾，宣講應以其信息本身的方式對聽眾說話。而且信息不單只是一連串的字詞，更是上

> 帝自己生發的事件，上帝在這些字詞之中又藉著這些字詞行動，但其行動卻越過這些講道人的字詞並在其之上。[21]

無疑，第一重呼召是容讓上帝的話語有工作的空間，[22] 不單要避免人的信息遮蔽甚至取代上帝的信息，並且要避免人的修辭方法或技巧成為吸引人的焦點所在，轉移了聽眾的視線。簡單來説，「我們講道人受命要尋找一道言説上帝的方式，好能不斷騰出空間讓上帝成為上帝」。[23]

第二重呼召在於講道先於並優於教會。[24]「講道……並非由教會授權或由於倚靠教會，因此經常會對抗教會，以使教會成為教會。講章的話語並不是由會眾衍生出來的道，反之，道是由上帝而來，給予教會的。」[25] 在巴特看來，教會常常淪落為「宗教」，因而充滿偶像崇拜，並且輕忽、抗拒和狡猾地躲開上帝的話語。[26] 所以，一方面我們不能等待一個忠於上帝話語的教會出現了才講道，相反，惟有透過忠心宣講上帝的話語，這樣的教會才會生發。[27] 巴特這一神學觀點是來自宗教改革的神學家。另一方面，上帝的話語不可能由一個經常淪為「宗教」的教會衍生出來，這樣的教會衍生的，只會是偶像崇拜；是以，上帝的話語是先於和優於教會的。只有從上而來的上帝的話語，不受制於教會的傳統和習性、議程和虛假的需要，才能令教會得以不斷生發和存活。教會惟有藉著不斷地宣講上帝的真理，而不是她的傳統和習性、議題和虛假需要，才能存活，[28] 否則她就只是魚目混珠，烏合之眾。因此，宣講上帝的話語並不由教會來制約，而當由上帝的話語自身來決定；當宣講的是上帝的話語，宣講就單單只聽命於上帝的話語。這樣，教會就不能淩駕宣講之上，否則她就是淩駕於上帝的話語之上了。換言之，宣講上帝的話語必須淩駕教會之上，因為教會的生發與存活惟獨繫於宣講上帝的話語。如此，宣講者實在無須考慮教會的景況。

巴特對宣講的兩重呼召，或是對宣講召命的兩重規定，認定上帝話語的信息就是宣講的內容，也決定了宣講的方法。上帝的話語自身既然能生發果效，不假外求，宣講者在內容及技巧上也就不應援引任何在上帝話語以外的幫助，以期保存上帝話語的信息，否則即不順服、忠於、符合上帝話語的要求，而未能實踐、完成宣講的召命。然而，這樣的宣講神學或這樣對宣講的規定，反映出上帝活動的超越性，而上帝活動的超越性意指其純粹性及主權性，因著其純粹性及主權性，我們可以要求講道者完全無須援引任何上帝話語以外的其他幫助，又或無須考慮其所置身教會的景況，也就是說，可以要求講道者成為一純粹的中介，一個非文化性非教會性的管道、器皿。威廉蒙要批評和修正的，正是巴特所提出的這種特性。

四

威廉蒙對巴特宣講神學的批評，以及針對這一批評而有的發展，主要基於基督的道成肉身所顯明的具體化（embodiment）。這進一步的開展，即語言性的具體化，亦可分兩個向度來講，就是講道的語言具體化，以及教會的語言具體化。前者針對的是宣講召命的第一重規範，後者針對的是宣講召命的第二重規範。這裏講的語言具體化，乃是上帝的語言透過人的語言而具體化，從而更新及塑造信仰的羣體，使得教會可以藉其語言具體化地活出其本性。這個為上帝語言化的羣體進而變成上帝話語的出口，為上帝語言化的羣體轉變成以其語言具體化上帝的話語，從而使上帝的話語得以在這羣體當中宣講出來，並發生果效。上帝的話語可以不斷透過人的語言而具體化。

威廉蒙提出了八點，但總括起上來，其實不出上述兩個方向，而這兩個方向又是相輔相成，彼此連繫的。威廉蒙訴諸巴特有關啟示的三重形式之中的成文啟示，指出這成文啟示的性質跟耶穌基督的道成肉身有一類比的關係。簡單來說就是耶穌基督道成肉身，乃是取了、披戴（assumed）了人的肉身，透過人的肉身而具體呈現、啟示祂自己。以此類比，聖經這成文話語乃是「上帝自身在其啟示之中取了我們的語言、世界和人性的形式」。[29] 據此，威廉蒙說：「這意味聖經的形式或多或少把道成肉身的形式連繫了起來，並且因而指明了講道的形式。」[30] 這講道的形式，就是要像聖經那樣，以多姿多采的語言來進行，從而創造世界。道創造世界，聖經也意欲創造一個另類的語言世界，[31] 那麼，宣講上帝的話語，也是一樣。上帝透過人類的語言寫成聖經，祂也可以透過人的語言來宣講祂的話語；只要我們不高舉人的修辭，也就不必完全否定、低貶修辭。「修辭學僅次於神學。」[32] 威廉蒙甚至認為神學與修辭學的關係是柏拉圖式的，[33] 意即神學更為根本，修辭學不過是其模本而已。以此而論，則宣講應以聖經為本。正如威廉蒙所言：「我們講道人要好好思想福音書中不同面向所要求的各種修辭。」[34] 聖經塑造、形成一個語言世界，宣講繼而接續塑造、形成同一個語言世界，這世界就是教會的世界，一個另類的世界。[35] 因此，宣講話語必須以成文話語為其根本，一如成文話語以耶穌基督這道為本那樣，由此而塑造、形成信仰羣體。那麼，每次的講道就都「不純是宣講，更且是一次把信眾形塑成為語言羣體的行動實踐」。[36]

威廉蒙因而指出，講道者被召「不單要守衛和保護我們信仰所愛的語言，並且要使用那些能夠達成上帝意願的語言」，[37] 即對聖經文本的要求負責任，也對在會眾處境中講述真理負責任。[38] 講道的修辭就要像聖經的語言，不單讓人明白，且能擴闊和改變會眾的世界。講道的語言也必須有一種轉化的、政治的力量。[39] 威廉蒙引用保羅在以弗所書稱講道人為上帝奧祕的管家這說法，懷著感恩的心運用上帝置於其手中的語言，卻不會為自己的利益而濫用上帝對他的信任。[40] 只有管家的隱喻、意象才能充分表達到講道人要顧及的會眾處境。講道不是沒有處境的，講道人是在會眾的處境中宣講，會眾就是他的處境。管家負責照管主人的家，講道人亦使用上帝交付他的語言來照管祂的子民，這樣，在教會中聚集的會眾是講道的必要處境，[41] 講道人要針對處境的文化，以恰當的語言傳講上帝的話語，從而更新和塑造這羣體，使之成為信仰的體現。

威廉蒙指出，信仰的具體展現（the specific embodiment of the faith）就見之於教會。[42] 我們講道人是在這樣的教會中宣講、教導，上帝的話語也是在這樣的教會中發生果效。「我們獲賦予的不單是自由和產生果效的道，並且這道是體現的道（embodied Word）。」[43] 道是道成肉身的道，故此是體現的道；同樣，宣講話語也是如此，是體現的宣講話語。這體現的道也同時在可見的話語（visible word）中得見，即見於水禮及主餐。水禮及主餐更具體地展現道，使宣講話語不因其不可見的特性而失去道的可見性。換句話説，可見的話語補充了宣講話語的不足，或者，我們應該把可見的話語納入宣講的話語之列，使之成為宣講話語的一個環節。這樣，講道就不只是字詞的行動，也同時是可見的、身體的行動，[44] 而為體現的宣講話語。體現的道是在人的世界之中發生果效的，同樣地，體現的宣講話語也是在人的聚集（教會）之中發生果效的。

是以，教會雖為一墮落的建制，但亦同時是上帝拯救行動的禮物。[45] 沒有這建制的信仰羣體，難以想像道如何可以豐富地住在我們當中，並讓這信仰開花盛放。[46] 所以，講道不單是先於和優於教會，生發教會，也是內在於教會，生發於教會。教會作為活的道的真實體現，也是先於和優於講道，生發講道。講道與教會，有一種互為內在的生發關係。

正因為講道是生發於教會，並且塑造和更新教會，故此必須是處境化的。[47] 講道人同時要對教會和上帝的話語負責任，所以他必須忠於上帝的福音，運用上帝賜給他的禮物——智慧、聲線、形體、性格等等，毫無扭曲、恰當地傳講福音當中不同的信息。[48] 講道人不必否定或忽略上帝的恩賜，反而要發展這些恩賜，並恰當地在宣講中加以運用，這裏就涉及品格的塑造。宣講因而不純是宣告上帝的話語，它還要求宣講者經歷某種的倫理塑造，[49] 就是管家的倫理，好能恰當地運用上帝賜予的恩賜，有力地傳遞上帝的話語，生發、轉化、更新和塑造教會。

五

巴特教導我們，宣講的召命始於聆聽，聆聽上帝的話語使得宣講成為可能。是上帝臨到我們當中與我們相交，更新、轉化並塑造我們的生命，使我們在生活中以言以行來彰顯祂的話語。在聆聽上帝話語的過程中，我們順服上帝的話語，因此聆聽就是聽從；聆聽既是聽從，也必然會付諸行動。是以，聆聽上帝的話語，就成了領受宣講的召命。然而，巴特卻傾向把宣講抽離人對語言的積極運用，以及宣講者的教會處境，使得宣講變成一項不食人間煙火的活動。無疑，巴特此舉是高舉上帝話語的超越性，表明上帝的話語是自主的，且能自行產生果效，不假外求，不為外在任何事物所制約，然而這就不免忽略了上帝話語的具體化。上帝話語的具體化這一方面，尤其可見於耶穌基督的道成肉身。信仰是具體表現於人的語言及信仰羣體之中的。威廉蒙依據巴特所講，即三重話語中的成文話語與道之間的類比關係，進而指出宣講話語亦跟成文話語有一類比關係，這種類比關係就是具體化，即道成肉身是道取了、披戴了人性，以便在世界之中彰顯、呈現其自己，以此方式來跟世界交往，並改變、轉化、塑造這萬有的世界成為新的世界。同樣地，成文話語亦透過人的話語而彰顯、呈現上帝的話語，藉此改變、轉化、塑造世界，而宣講的話語亦當以成文話語為規範，運用對應於成文話語的修辭技巧，忠誠地宣講上帝的話語，以產生改變、轉化、塑造世界的果效。

另一方面，具體化的話語也是對應處境的，就如耶穌基督道成肉身所展示的一樣。祂在一特定的歷史時空生而為猶太人，因此成文話語是具體地對應某一羣體的，宣講話語亦同樣如此。那麼，在宣講之中，上帝的話語就當具體化地改變、轉化、塑造某一特定的羣體，這就是信仰羣體即教會的生成和塑造。但是，不可忽略的是，宣講者是帶著其教會的處境來宣講的；他不單向某一特定的教會羣體宣講，並且由於他自己是屬於某一教會羣體，因而亦無可避免會帶著這個處境來宣講。是以，從這兩方面來說，宣講者是從教會而來，然後向著教會宣講，這就是威廉蒙所講的宣講者的會眾脈絡 / 處境。宣講者是從教會而來，意味著他是受教於一個為上帝話語所更新塑造的教會，並且浸淫於這個教會所領受、所活出和所宣講的上帝話語之中。簡單來說，他是來自那信仰之具體表現的教會羣體。離開了這一羣體，他別無方法聆聽上帝的話語，因而亦不可能領受宣講上帝話語的召命。宣講者之所以能夠宣講，因為他是從教會而來。宣講者向著教會宣講，意味他的宣講信息和語言都是有所對應的，他既要在信息和語言上忠於聖經的文本，也要在信息和語言上對應教會——這種對應絕不是要討好教會，相反，乃是更新、轉化、塑造、形成教會。教會是在生成的過程之中，沒有一次生成永遠生成的教會，宣講者需要發展、運用上帝所交託給他的語言恩賜，忠心地、有力地宣講上帝的話語，讓人聆聽到的不是宣講者的話語，而是上帝自己的話語，以致得到更新轉化。

總括來說，威廉蒙修正了巴特有關宣講的兩重呼召，在忠於上帝話語的大前提下，重視宣講的語言和宣講的會眾處境，因為這兩者都可以是上帝話語的具體化。而上帝在耶穌基督的道成肉身之中所確立的行事方式，正是無限藉著有限來工作，並且這不是消極而是積極的使用，關鍵在於有限者必須在無限者底下盡忠宣講，不是為炫耀口才，贏取掌聲，也不是為討好會眾或是操控會眾，而是為了讓上帝大有能力的話語彰顯，更新和塑造教會，使其不斷具體展示上帝的話語，活現信仰。這就是宣講的召命。[50]

「顛覆」，必須是清醒而徹底的

在這裏我選擇以「顛覆」的角度來看「穌哥Show」（編按：這是林以諾牧師自二○○○年開始以「棟篤笑」形式主持的佈道會）。然而，「顛覆」對我來說，並非負面的字眼。即是，當我以此來看待「穌哥Show」，說其為「顛覆」的舉動之時，並無貶意。反之，就我所理解的福音信仰，其本意正是「顛覆」的。因此，我只會更為極端的說，「穌哥Show」不單不夠「顛覆」，且在許多地方相當守舊、媚俗，而缺乏一分自省、自嘲，以至「自我顛覆」的態度。

此話怎說？首先得明白「顛覆」的意義。「顛覆」一詞向來為解構哲學所愛用，要否定、拆解的是以自我為中心的二元層級結構。譬如說，與宣講相關的例子是，認為內容較形式更為重要，只要有道可傳，則不必理會傳遞信息的形式。以此來看，很明顯，看過「穌哥Show」的人都會同意這一「棟篤笑」佈道會正是一反傳統：它重視形式、重視包裝，重視一切傳統佈道會嗤之以鼻的外表裝璜。地車裏鋪天蓋地的海報、懷舊復古的格調潮流、無「笑爆嘴」能耐的切勿參加的警告……然後是大型的聲色舞台、藝人嘉賓的登台演唱、以笑話貫穿一切的宣講……這是重內容多於重形式的佈道會不會採取的。

重視內容並非錯誤，可是，忽略形式就是問題所在。形式本身就是信息，不能說沒有所謂，無須注意。形式不單盛載信息，並且因其自身就是信息而會影響其所盛載的信息意義果效。聖經的典型是道成肉身，上帝取了人的形式。因此，重新重視宣講的形式，不讓內容因失去相應的形式而失色、失效，絕對是對重內容輕形式的「顛覆」。在這樣的角度來看，「穌哥Show」具體地告訴我們絕對不能忽略形式，提醒我們必須重新思考宣講形式的重要性。

然而，這樣說並不表示「穌哥Show」的形式沒有問題，更絕非說其「顛覆」是成功的。事實上，我以為「穌哥Show」根本沒有一種自覺的「顛覆」精神。一方面，「穌哥Show」的形式淩駕於內容之上，陷入重形式輕內容的二元層級結構之內。從何見得？一個簡單的問題：一切的形式，對於具體的宣講內容，有何相干？宣講內容的貧乏只顯得形式的膚淺，懷舊、攪笑如何盛載具體的信息？具體的信息如何透過懷舊、攪笑而直刺人心？當一切都只是為形式而形式，或為討好觀眾而形式化，則喪失的自然是信息的深度，或者，嚴格來說，喪失的是信息的「顛覆」性。

另一方面，當採取大眾熟悉的推廣、包裝手法去製作這樣的宣講佈道時，我們有同時「自我顛覆」嗎？抑或毫無保留地擁抱那種針對消費文化底下成長的感覺的一代的種種手法。這裏不是説量的問題，而是自嘲、反諷的自我否定的表演形式，從而既使用又解除那些馴化信息的討好手法。我的看法是，不能只討好觀眾，而必須在討好的同時狠狠的在他們的心靈生命中劃下難以磨滅的痕迹。然而，就這方面來説，我是失望的。這裏涉及內容的問題。究竟我們要宣講的是甚麼？

福音，其實是「顛覆」的。福音，絕對不是要討好人的罪性，叫他感覺良好。反之，福音是審判，審判人的自我中心的罪性，無論這個自我是理性的自我抑或感覺的自我，福音就是要指出它不是主，只有耶穌基督才是主。但在這樣的「穌哥Show」之中，「基督是主」徒具口號，只滿足感覺的自我，卻對自我的罪性、破碎、僭越、自大……缺乏一種揮之不去的揭露和批判，反之，媚俗而缺乏自我否定帶來的只會是強化消費文化底下的感覺自我。以為自己得著了，其實只是一束很快消散的感覺。

我絕對相信宣講、佈道可以以「棟篤笑」的方式出現，只要它是「顛覆」的，無論內容或形式，只要表裏一致。「穌哥Show」是一個不成功的起點，但卻是應該堅持的嘗試。必須多一分自省、自嘲，以至「自我顛覆」的態度。「顛覆」，必須是清醒而徹底的，而非迷失的，甚至媚俗的。

一、做個輕鬆返教會無痛的基督徒？

昔日，德國的牧師及神學家潘霍華（Dietrich Bonhoeffer）提出「昂貴恩典」，針對當時教會「廉價恩典」的信仰實踐。這種「廉價恩典」，說穿了，其實乃是沒有嚴肅地對待罪，因此，相應地，也沒有嚴肅地對待上帝在耶穌基督身上所成就的赦罪的恩典。或者，事情可能是倒轉過來的，因為首先沒有正確地認識、體會耶穌基督十字架上所完成的赦罪的恩典，所以跟著也就扭曲了對待罪所應有的態度了。亦即是說，離開了對恩典確當的了解，導致的是錯誤的罪觀，信仰生活因而走上歧途。

今天，華人教會的光景又如何？相差不遠，抑或每況愈下，甚至有過之而無不及？要檢視教會的情況，大概可以從我們在恩典底下對罪的敏感程度而略知一二，從教會是否強調並且踐行責罪、知罪、悔罪而稍為明白。就筆者淺薄的經驗，發現現今好些教會為了吸引人到教會來，提出不宜宣講責罪、知罪、悔罪的信息，免得嚇怕了那些不信的人、教會增長不起來。也有牧者表示這樣對弟兄姊妹不好，滿是罪咎意識，使得人的心理不健康，甚或引致人憂鬱受壓，缺乏動力積極成長；況且現今生活和工作壓力那麼巨大，信徒需要的是減壓和安慰，可不能還加添他們的重擔。於是，講台或關顧或輔導最宜只宣講正面積極的信息：人有上帝的形象，尊貴而美麗，滿有潛質；上帝是慈愛的，是我們隨時的幫助，諸如此類。然而，就是不講人的罪相與罪性，上帝的責備與懲罰。輕輕鬆鬆返教會，做個無痛基督徒，不是很好嗎？

二、若不責罪，我們在宣講哪門子的恩典？

這樣的實踐帶來的後果十分嚴重，好像我們的信仰沒有罪的觀念；會眾長久活在一個不責罪、知罪、悔罪的羣體之中，自然缺乏罪的意識，於是生活也好、工作也好、人際關係也好，全都只活在世界之中，而非活在真正的信仰之中。這其實是逐漸陷進遺忘罪性與罪行的扭曲信仰之中。昔日，潘霍華所指摘的教會還不至此，因為他們只是把恩典廉價化，只要頭腦上相信因信稱義，那麼罪還是可以赦免的。至少他們還知道罪，問題只在於找尋不必悔改而稱義的捷徑，這就是遮蓋罪而不用悔改，使罪得了直而罪人不必稱義。但我們呢？可能我們既不用悔改、稱義，也沒有需要處理罪，因為在我們眼裏看不見罪，心裏也遺忘了罪。既然遺忘了罪，那何必要講赦罪的恩典呢？豈不是多餘的嗎？是的，如果講台或關顧或輔導根本不責罪、知罪、悔罪，那麼宣講赦罪的恩典豈不是多此一舉嗎？

但另一方面，筆者又感到困惑，何以教會仍然講恩典呢？如果教會不責罪、知罪、悔罪，但又宣講恩典，那麼這種恩典又是甚麼來的？我們已經不需要赦罪的恩典，因為我們不以為自己有罪。那麼，我們仍然拚命不放手的恩典又是甚麼東西？大概這只能是理所當然、滿足慾望的恩典。這已不是潘霍華所講的赦罪的廉價恩典，而是無論我在任何情況底下上帝都要祝福我，保守我在世俗的道路亨通、事業成功。事實上，這根本不是恩典。我們正在怎樣扭曲恩典？我們究意在相信甚麼？最終，在底子裏，我們只相信自己，當然，我們也相信上帝。只是我們相信上帝應該是理所當然地幫助我們成就我們在地上的野心，哪怕是宗教的還是世俗的。我們漸行漸遠，愈來愈離開信仰的核心：福音所宣講的赦罪的恩典。我們要的是那叫我們成功的恩典。我們相信的上帝是滿足我們罪性需要的上帝。

三、與世俗打成一片，就聽不見上帝的聲音

當我們真的與世俗打成一片，你中有我，我中有你，那麼我們就不單忘記自己原是罪人，我們更會忘記世界也是被

罪捆綁，在其網羅之中。這樣一來，我們既不會存在地體認自身的罪，也不能認出世界的罪。我們聆聽的只是這個世界的聲音，卻傾聽不到從上而來的上帝的話語。我們不斷討好這個世界、同情這個世界，一面倒地説上帝也愛這個世界，何必相煎，高壓地、自義地判斷這個世界的罪。結果，我們的信仰羣體逐漸成為一個忘記宣講審判與赦罪的羣體，因為我們忘記了自己不過是一個罪人的羣體，並且同時忘記了赦罪的恩典。

文章原出處

被召原為宣講——閱讀威廉蒙討論巴特宣講召命的札記（原刊於《中國神學研究院期刊》第46期〔2009年1月〕，頁119～136。本文曾於二〇〇八年九月二十三日在香港中文大學崇基學院神學院教牧事工部主辦的第二屆牧養研討會上宣讀，該次研討會主題為「教牧職事的召命：神學、靈性、實踐」；後亦收於李耀全編：《教牧職事的召命：神學、靈性、實踐》〔香港：香港中文大學崇基學院神學院，2009〕）

「顛覆」必須是清醒而徹底的（原刊於《基道閱讀》第16期〔2000年9月〕，頁8～9）

責罪（原刊於《宣訊》第74期〔2006年2月〕，頁1）

延伸閱讀

有關宣講神學的著作，弗德（Gerhard O. Forde）的 *Theology Is for Proclamation* (Minneapolis: Fortress, 1990) 是一流的、必讀的。孫寶玲的《從聖經到宣講—學人與學道》（香港：天道出版社，2002）的「楔子：一切從呼召開始」，短短的，從聖經人物蒙召的故事開展全書對宣講的教導。William H. Willimon, *Pastor: The Theology and Practice of Ordained Ministry* (Nashville: Abingdon, 2002) 第七章“The Preacher”對今日的傳道人很有提醒。韋斯的新作 *Speaking the Truth: Preaching in a Pluralistic Culture* (Nashville: Abingdon, 2008) 雖然是針對美國而寫，但是一切多元文化底下的教會都會從此書得益，八篇講章示範了怎樣在講道中有力地見證真理，讓信息直指人心，而不是插科打諢。

4

牧養

謙卑
以承受種種生命

主耶穌說：「凡勞苦擔重擔的人可以到我這裏來，我就使你們得安息。我心裏柔和謙卑，你們當負我的軛，學我的樣式；這樣，你們心裏就必得享安息。因為我的軛是容易的，我的擔子是輕省的。」（太十一28～30）

主耶穌說的謙卑，是承受生命的素質，並非那種面對人家稱讚而感到不配的態度。後者其實只是一個修養的問題，又或是自我了解的深淺的問題。這裏的謙卑，並非自我衡量或是不作張狂，而是生命心靈的承受、盛載。

是的，是生命心靈的承受、盛載。承受、盛載異於自己的他人生命，這是主耶穌說的謙卑。主耶穌用祂的生命示範了、活現了何謂謙卑的生命。「凡勞苦擔重擔的人可以到我這裏來」，這是開放的生命，但主耶穌不單開放自己的生命；「我就使你們得安息」，這是接納、包容、安頓的生命。

只有我們的主耶穌才能如此。開放自己，雖不容易，亦不困難；放下既有的成見，聆聽、了解，雖不容易，亦不困難。惟獨是，如何可能承受、盛載種種參差不一的生命？如何可能接納、包容、安頓異於自己的他人生命，於自己的生命？

有時，我們就是自己也不能接納、包容、安頓自己那襤褸破碎的生命，又叫我們如何可以承受、盛載其他人的生命？生命是如斯艱難。惟有不看自己，單單注視主耶穌，再細心傾聽主耶穌的說話：「凡勞苦擔重擔的人可以到我這裏來，我就使你們得安息。」

也許，作為主的僕人，我們首先就得在主裏面得安息。我們只有在主裏面才能學習柔和謙卑。是的，在基督裏，讓基督首先包容、接納、安頓自己的生命。然後，也在基督裏，去包容、接納、安頓他人的生命。我們都不在基督之外去事奉、工作，乃是在祂裏面去完成這一切。

這樣，我們就不是靠己力去成事。僕人，永遠只能靠著主人的能力去完成主所交託的一切。只有這樣，我們才能堅持到底，不致耗盡。外在強悍的生命只是一時三刻，只有內在的柔和謙卑，才能撫平他人的傷痛、接納他人的頑梗、安頓他人的暴烈……

只有在主裏面的柔和謙卑，才能讓他人毫不美麗而又傷人害物的生命走進自己的生命裏去，才能承受一切隨之而來的屈辱與磨難。只有這樣，事奉的生命才會長久；只有這樣，事奉的生命才不會充滿苦毒、不忿；只有這樣，事奉的生命才會輕省。

輕省，並不因為不再承受、盛載，而是在主耶穌的柔和謙卑裏面去事奉。僕人首先就要進入主耶穌這一寬敞的空間中，安頓自己，然後才能在自己的生命中生起一寬敞的空間，接納、包容、安頓他人的生命，指引不同狀態的心靈進入主耶穌柔和謙卑的生命中，得享安息。只有這樣，事奉就同時是安息。

成牧者：

教養、修養、牧養

一

牧者的文化修養如何可能？文化修養並非一自身圓足的活動。文化修養之所以可能，必須預設文化教養作為必要條件；而牧者的文化修養則必然觸及牧者的本質性使命：牧養，牧養應當是修養的完成。以文化修養為中心，向後逆溯即有文化教養，向前順推，則為牧養文化世界；教養、修養、牧養即形成一個三連環的關係，彼此不能分割。尤其值得注意者，此三環節跟文化世界均有緊密的關係，文化世界既作為教化養育之境域，復亦為被更新變化以致能成為生生不息的場所；牧者與文化世界之間實有相互建立的關係，具體表現於教養、修養與牧養的環節中。

二

首先需要指出的是，根據當代哲學，特別是現象學的研究結果，文化世界是先於物理世界的。這看來跟我們的常識不符，然而剛剛相反，這是最符合常識的。文化世界就是我們當下生活的世界，是沒有主客對分的，而是互動的結構，人與人、人與物之間並非認知的主客關係，而是互為主體，打成一片：是活生生的，而非死寂寂的。物理世界、科學世界、科技世界乃是後起的，乃是由生活世界及文化世界衍生出來的。正如當筆者手執鉛筆疾書講稿之時，這筆就跟我打成一片，我並不會感興趣去探問其物理結構，化學成分，在使用中，鉛筆之所以為鉛筆就表現出來。甚麼時候我會以知識主體的身分去看待這鉛筆而視之為知識客體呢？只有當我發現它不能發揮其功能時，我才會思考何以如此；是它的化學成分出了問題，如石墨異化，或是物理結構受到破壞，如筆心斷裂，諸如此類的問題即把原來的生活世界、文化世界轉變成物理世界、科學世界。可是，這問題一旦解決了，另換一枝鉛筆，則又恢復原來的活生生，彼此打成一片的世界。

在這一根源的世界，人與世界不是相分的，不是互為外在的，其關係猶如魚跟水，魚不能離水而活，人亦如此，世界如水般養育人。並且，世界也不是離開人而獨存的，即沒有獨立於人以外的世界。當然，這世界是指生活世界、文化世界，因而是跟人並起、一時並存的。人活在並參與這世界，世界的出現、生化藉賴其中的人。的確，這世界當如《莊子》內七篇中第四篇之篇名：〈人間世〉。人乃世界中的人，世界乃人間的世界。

雖然人與世界是相生相長的，但在此，我們特別感興趣的，是人在此文化世界中被教養成人。文化世界實質乃是縱橫交錯而成的世界。所謂「縱」「橫」乃是指歷史傳統的累積與社羣關係的總合。換句話說，文化世界同時具有歷史向度（historical dimension）與社羣向度（social dimension），這兩個向度都同時綜合於當下的文化世界，事實上，離開此文化世界，亦別無歷史傳統與社羣關係。因此，當人活於此文化世界之中，無疑地，便是活在歷史傳統及社羣關係之中，而此「活在」實亦同時是被「教養」、被「教化」、被「養育」而得以活在其中。由此而言，人被教養而成人，則此人自然亦成為歷史的人，社羣的人。

上述是從人的存有結構來說的，在現實上仍不礙人可有非歷史非社羣的種種表現。相對於存有結構的本然狀態而言，此亦只是一種非本然和失真的表現。這裏同時透露了一個信息：人在這文化世界中被教養並非終極圓滿的結果，因人尚在不自覺的階段，他雖浸淫在文化世界之中而受其滋養，但仍未自覺其本身在存有結構上乃是歷史的人、社羣的人，亦即未自覺人之歷史結構與社羣結構要求自己活出這樣的本性。另一方面，文化世界於此階段亦只是形式地決定人之歷史性與社羣性，並未能在內容上、素質上必然地教養其成為歷史的人、社羣的人，這是因為文化世界本身仍未達致形式與內容的統一，當中尚有許多非歷史、非社羣的元素在內，有待更新轉化以臻圓滿。當文化世界圓滿之同時，亦為人之圓滿，因為二者是相生相長的。

即使如此，人之所以為人，於此已被決定為一歷史的人，社羣的人，故此問題即在於如何「活出」這存有的本性，從而真正成為人，這就是文化修養的工夫。於此，文化修養並非可有可無的。

三

從文化教養的背景來看文化修養的重大意義，乃在於此活動並不是抽離的實踐。這講法的意思是：首先，沒有人可脫離文化教養而有文化修養，即文化教養使文化修養成為可能，文化教養乃文化修養的活水源頭。因此，文化修養的實踐活動根本就不能離開文化世界而進行，沒有人可以離羣獨居，不食人間煙火而作文化修養。更值得注意的，這「不能離開」是表示活潑有機的關係，這就反對、批判以文化世界為客觀研究的對象，或商品化之以牟取利益。雖然文化修養是一個自知自覺的行動，但這並不表示我們需要採取一種主客對峙的格局來看待彼此之間的關係。反之，文化修養裏對話的過程，是人與文化世界有意識的交往。這樣，彼此交往、對話就預設雙方均以主體的身分出現，彼此地位相等。

因此，文化修養是在這種關係中批判地和有選擇地吸取養料而化育自己。跟文化教養不同，人的自覺意識使人不再照單全收，純粹由所生活的文化世界塑造、決定其內容，這種自覺意識讓人可以擺脱意識形態的制肘，不再完全受制於過去。這舉動顯明了人的超越意識與能力，即人有一超越過去與當下的要求，但是這種超越並非一種空間性的抽離，也不是一種跟過去和現在斷絕關係的分割，而是在過去和現在的基礎上更進一步，而非原地踏步。超越意識是一批判意識，批判並非完全的否定，而是揚與棄；既有發揚，亦有捨棄。人的文化修養實踐正是揚棄活動，藉此活動，人進一步豐富其自身的生命。是的，人若停留在一未知未覺的階段而任由文化世界教養成人，則其生命仍是不足的，因為未能排除文化世界中的糟粕。

當然，跟著我們便會追問：人何以能有此自覺超越的意識？若原來已活在文化世界之中，除非此文化世界本身具備超越批判的元素，否則，即無由生出此意識，更不能引發揚棄的實踐活動。即使我們肯定文化世界內具超越、批判的元素，我們仍然可以進一步追問：何以如此？如何可能？從神學的角度來看，這超越意識的出現，乃源於人與跟其本性完全有異的上帝相遇而得出的，人與上帝之間存有論上的差異（ontological difference）是人超越意識的根據所在。此差異使上帝以他者的身分出現，而作為分享上帝形象的人，彼此之間亦同時存在一「我—他」（I-other）的關係，而正因這種關係，才使羣體的建立成為可能，這也是文化世界何以具有社羣向度的原因。並且，這他者的上帝同時亦揭示文化世界的終極去向，從而產生一種將來終末的意識，亦即超越意識，超越當下的現狀以邁向簇新的將來；終末的將來讓人有一距離批判過去和現在，而正因這距離才使歷史成為可能，這也是文化世界何以具有歷史向度的原因。

在對文化世界批判地吸收的行動中，人即自覺其為歷史的人與社羣的人，在《影子大地》（*Shadowlands*）這部電影中有一句話：「閱讀使人知道他並不孤單」，同樣地，批判地閱讀文化世界，就會使人自覺他是歷史的人、社羣的人。這一份自覺知道，使人步出自己，自覺地投入文化的世界之中，不再只是不自覺地活在其中；經過文化修養而自覺地融入文化世界之中，可稱之為「牧養文化世界」的舉動。

四

當提出「牧養文化世界」一語時，即叫人想起德國現象學家海德格（Martin Heidegger）的名言：「人是存有的牧者。」廣義來説，任何一個人都是牧者，其牧養的對象就是那養育其成人的文化世界。「牧養」是甚麼意思呢？第一個意思是守護，守護文化世界使其不被扭曲——異化，或有如當代德國社會哲學家哈伯瑪斯（Jürgen Habermas）所指的殖民化。所謂殖民化是指生活世界、文化世界為其所衍生的系統世界（system world）所侵蝕，喪失了原來的活潑生機而成為惟效率、惟效果的工具理性所主宰的世界。此世界是平鋪整齊的，非歷史和非社羣的，當中的人猶如另一位批判理論哲學家馬庫色（Herbert Marcuse）所言的：單面人（one dimensional man）。

牧養的第二個意義是更新轉化文化世界、生活世界。守護是相對於外敵而言的，更新轉化則是就文化世界自身而言的。這種轉化更新其實是跟隨著批判性的閱讀而進行的，只是針對的對象是文化世界本身，最終的目的是使其社羣向度與歷史向度具體實現，消除當中非歷史、非社羣的元素，以致文化世界的形式與內容能達致同一，從而使當中的人與物均能各得其位，各正性命。

從文化教養經文化修養至牧養文化世界，並非直線的，乃一螺旋形的不斷進程，其終結乃是歷史的圓滿，因此不在歷史之內。然而，在歷史之內，人卻需要不息的實踐，從而使人成為人、物成為物、文化世界成為文化世界。

狹義來說，作為信仰羣體的牧者，其直接牧養的對象固然是其信仰羣體，然而，信仰羣體亦非抽離文化世界而存在，故信仰羣體本身亦當對文化世界實踐上述那種廣義的牧養工作，負起牧養文化世界的責任；而此信仰羣體的牧者則首先有責任守護此信仰羣體不被扭曲、異化或殖民化，否則即難進一步言守護文化世界。事實上，許多信仰羣體的生活世界早已被系統化、科層化、組織化，淪為商業行政組織，成員之間只有層級隸屬關係，把活潑相交的生活世界全然扭曲成非社羣的、非歷史的。此外，牧者亦有責任帶領信仰羣體進行內在的自我批判，清除那些高抬獨自修行的自了漢之傳統心態，摒棄那些攔阻人走出自我進入他者世界的意識形態，並要解放那些只滿足現狀、但求平安度日的非歷史心態，從而使信仰羣體能活出生活世界那種社羣向度與歷史向度，在社羣中和歷史中完成自己。這樣的論調並非把信仰羣體約化為文化世界的一部分，而是文化世界的社羣向度和歷史向度本來就是上帝對受造世界的心意，信仰羣體作為屬上帝的羣體，就需要活出這些本質。

從這樣的角度來看，牧者牧養信仰羣體，其實最終目的乃是使之能牧養所生活的文化世界，使文化世界能活出上帝的心意。這樣，牧者雖直接牧養信仰羣體，但最終仍是牧養這個文化世界；這樣，牧者方才成一牧者，然而，這仍然是個不息的實踐歷程。

「大智若愚」的生命牧養：

易構與沙漠教父

一、引言：從「易構」說起

我對甘東農（Donald Capps）和沙漠教父的生命牧養的看法，將透過三個問題串連起來：

1. 甘東農談的「易構」（reframing）只是方法嗎？技巧嗎？抑或涉及生命？
2. 「易構」易變的是甚麼？進一步引致的問題是：這種易變是第一序還是第二序的易變？是徹底的嗎？
3. 因此，「易構」的背後，很可能是「沙漠教父」的「大智若愚」的生命。即是說，使「易構」發生的生命是否可以見於沙漠教父的生命？

我由第二點說起。

二、本論

易構的意思是改變意義的架構（changing the meaning frame）。但我首先想就關瑞文對「『意義架構』以至『真實』是可改變」的講法（甘東農：《易構——牧養關顧的新方法》〔*Reframing: A New Method in Pastoral Care*〕，譚偉光譯〔香港：基道出版社，2005〕，頁viii；編按：頁碼為中譯本頁碼，下同）作進一步的討論。簡單地說，我只能夠有條件地同意關瑞文的講法。關瑞文這樣講的原因是他認為「其可變性是因為『真實』本身的『構作性』……所謂『真實』，尤其是在輔導世界裏所說的『真實』，是創構過程中的產物」。（頁viii）

一方面我同意「意義架構」可以是構作的，用來觀看事物 / 事情的「真相」，於是這「真相」就是構作起來的。但另一方面，我們也「相信」這意義架構是真的，以致所看見的所解釋的所呈現的事物 / 事情是真的 / 本來面目。沒有這相信，意義架構是不能運作的。因此，透過相信，這意義架構變成真的，所看見的「真實」也是真的了。

但怎樣才會從相信這個意義架構改變為相信另一個意義架構呢？這就涉及易構——改變意義架構——中的「變易」方法。這是甘東農所主要關心的，如關瑞文所指出：「由始至今，作者認為，牧養關顧和輔導的最根本閱讀，就是『轉變』與『如何轉變』的議題（頁ix），「所謂 reframing，其核心意思就是『把當事人的「意義架構」以致其「現實」以致其「世界觀」「轉變」過來』」（頁ix）。

我們的問題是，這個「改變」怎樣才可以發生的呢？這個「改變」的發生乃是一種根本的轉變 / 徹底的轉變，用中國的儒、釋、道來講，是「覺悟」、「醒悟」，如果轉用基督教述語來說，則是「悔改」，可惜這個詞語已經用得太濫，已經沒有甚麼作用。回到我們的思路，如果這個「改變」是一種「根本的」、「徹底的」改變，那麼，怎麼可能呢？要知道這並非一種表面上的改變，也不是知識上的改變，而是意義架構的改變。事實上，我認為正因為這意義架構的改變是一種根本的、徹底的改變，我會稱之為一階（first order）改變，或者我喜歡所用的第一序的改變，這是指根本的、徹底的，我這個用法跟甘東農的用法不同。甘東農的二階轉變就是根本的改造（頁15），就是我這裏所講的一階改變。這個用語的分別也不是最重要的，重要的是意義架構的改變是根本的改變、徹底的改變。這不是意義系統內部的改變，而是整個系統換掉。意義架構或系統其實就是我們的世界觀、價值觀，是我們的身分所在，那麼，易構就是世界觀、價值觀，以及身分的改變。但正因意義架構是我們生命的根本所在，改變就不是想像中那麼容易。

那麼，這種逆轉、顛倒的過程是怎樣才出現的？甘東農引述了互茲拉威克（Paul Watzlawick）的團隊所建議的四部曲、四重步驟的實踐（頁25～26），但他卻指出，易構不是一門科學而是一門藝術（頁29）。換句話說，這不是一種可以按部就班的手冊式技巧，不是透過這些按部就班的技巧可以達至逆轉、改變。因為按部就班就是循序漸進，這帶來往往只是系統內部、意義架構內部的改變，而不是把整個意義架構改變過來。或者換另一個講法，這裏涉及的是和平演變和震盪式改革的分別。我以為甘東農提倡的是震盪式改變，一種叫人驚訝（wonder）的改變，像主耶穌的言行那樣叫人驚訝。驚訝是一種開眼的後果，從另一個意義架構來看事物，得出一幅從來沒看過的圖畫，產生了驚訝。

甘東農在《易構》最後一章〈大智若愚的易構〉的講論，我認為是心法所在。而我也認為從這裏可以回答第一個問題：「易構」只是方法、技巧嗎？抑或涉及自己對生命對真理對真實的體會？涉及自己的「意義架構」的體會？涉及自己對「意義架構」「改變」的體會？

讓我們來了解「大智若愚」的易構是怎樣發生的。我很喜歡「大智若愚」這個翻譯。大智若愚的生命由三個規範或層面組成：簡樸 / 簡單、忠誠和預言（頁199）。讓我簡單的用另一些講法來表達我對這三種特徵的了解。

簡單就是直指真理的核心；忠誠就是容讓意義顯露；預言 / 先知是擁抱弔詭，這些生命特徵引申出三種易構實踐的方向：直指人心、當下即是和詭辭為用 / 正言若反。剛好，這三者都可對應中國哲學的儒、釋、道的指點實踐。當然，這樣的說法並非表示儒家只是直指人心，佛家只是當下即是，道家只是詭辭為用。事實上，三家的指點實踐都包括了這三個特徵。我認為這三種指點實踐的作用就是叫人驚訝並從而悟醒過來。

直指人心是一種極不容易的實踐，這中間涉及兩方面，一方面是自己對事情、對真理、對真相最核心的了解，但又能反過來看到離開這核心後所產生的種種扭曲的性相、表現。所以，另一方面要能倒過來，從對方言語所講的生命所展現的種種，透析其「意義架構」，這「意義架構」就是其「人心」所在，生命裏最核心的地方，然後指出其錯謬，指出其「背離」了另一個我們相信是真的「意義架構」。簡單來說，直指人心就是簡單直接地直闖核心、本質所在的意義架構。要剝落一切表面的現象，要不為種種表面的言語與生命所矇騙，卻要進到表面之下的深層根本之處。一切的表面都由此深層根本之處而生。這是簡易。但在實踐上並不真的容易，因為涉及的是辨別、識見。一方面固然關顧經驗增多並閱人無數是很有幫助的，但另一方面自身對「易構」的體會是最直接能夠幫助的。

我認為沙漠教父的靈性操練就是直指人心。他們的對話錄也有許多例子顯出這種直指人心的實踐。或者耶穌自己也是這樣子吧。舉個例子，馬太、馬可和路加都記載一個財主來耶穌面前問永生之道。耶穌兩次直指人心：第一次是指出只有上帝才是善的，人哪是善的呢？人怎能做善事呢？他惟一要做的是遵守上帝的誡命，以致可以得生命。遵守誡命是以上帝為上主，不再看自己。這是轉向、變易，從自己轉向上帝，不看自己而只看上帝。第二次是挑戰他放下一切跟隨耶穌，這還是跟第一次同樣性質，放下自己，以耶穌為主，這是惟一得生命的方式。就這麼簡單直接。

《荒漠的智慧》（*Desert Wisdom: Sayings from the Desert Fathers*；莊柔玉譯〔香港：基道出版社，2003〕）中有一個記載是這樣的：

> 一個羣體的領袖問波門教父：我如何才能學會敬畏神？
>
> 波門教父答道：當芝士填滿我們的肚腹，而醃魚又擠滿我們的罐子時，我們怎能學會敬畏神？（頁71；編按：頁碼為中譯本頁碼，下同）

這個故事對我們今天的人來說不是直指人心嗎？今天阻礙我們敬畏神的豈不就是以芝士醃魚為鵠的嗎？

另一方面，當下即是表示並非捨棄或否定當下眼前的一切，而是從一個不同的角度——即「意義架構」——出發來看眼前的一切。這裏面假設眼前的事物 / 事情是有其意義的——正面的意義而非只是反面的意義，只在乎我們是否能夠轉換另一意義架構。一個典型的例子是二元論。沙漠教父中有這樣的故事：

> 據說，有一天，小約翰對他的兄長說：我要拋開顧慮，放下工作，專心敬拜神。然後，他卸下長袍，走到沙漠去。
>
> 在那裏逗留了一星期後，他回來找其兄長，敲他的門，他的哥哥沒有開門，說：誰呀？

> 他說：是我，你的弟弟約翰。
>
> 哥哥說：約翰已變成天使，從此不在人間了。
>
> 他哀求說：是我呀！但他的哥哥沒有理會，由他一直在門外苦等。
>
> 翌日清晨，哥哥終於把門打開，說：你還是人的話，你要生活，就得重拾工作。
>
> 約翰悔悟，說：原諒我吧，哥哥，我錯了。（頁12～13）

生命的操練不是捨棄世界，而剛好相反，是在世界生活中的。但在世界生活中的操練卻要換上另一個意義架構。也許，我們首先要換上的是「當下即是」的意義架構，在生活的一切場景中去發現意義而不是離開生活的一切場景去發現意義。

最後是詭辭為用／正言若反。沙漠教父中有這樣的一個故事（*The Wisdom of the Desert*, trans. Thomas Merton〔New York: New Directions Publishing Corporation, 1970〕, 25；中譯參：《沙漠的智慧：取自四世紀沙漠教父之語錄》，香港公教眞理學會譯〔香港：公教眞理學會，1989〕，頁27）：

> 班布院長向安當院長〔引按：即安東尼教父〕說：我應該做甚麼？
>
> 長老回答：不要信任你自己的德行。不要費任何心思去掛慮已經做過的事。控制你的舌頭和肚皮。

這個故事當中表現的是一種類似於「無用之用」的道理。原來的問題是「該做甚麼？」這是正面的問題、積極的問題，但答案卻是否定的、負面的。這是第一重的否定表達，表示不要正面問自己該做甚麼，表示人首先不是該做甚麼，這是"doing"，企圖用"doing"來肯定自己。反過來，首先應該是"being"，所以回到自己的生命去檢視，不要對自己的德性／德行有信心，要倚靠上帝。不要為已經做了的事情擔心，要交託給上帝。不要說話毫無節制和只顧肚腹之滿足，要聽從上帝的話語。這是反面的說法，從反面來講正面的道理。問的是正面的問題，得到的卻是反面的答案。「我該做甚麼？」可能像聖經的財主一樣，指向的是「得永生」、「得生命」的問題，那麼，班布院長的答案就否定了可以做些甚麼了。人不可以做些甚麼來得生命，人只能倚靠、交託，以及聽從上帝。但安東尼教父沒有正面這樣說，卻從反面、否定自己的行動來反顯出另一層正面的操練和道理。

三、結論

在結論部分我們回答第三個問題。

我喜歡「友誼」這個用語。雖然我們今天喜歡"mentor"（導師／師傅），而我也覺得在一程度之內是需要導師／師傅的，但真正幫助我們的不是導師／師傅，而是上帝／基督。借用佛教的說法，導師／師傅只是助緣，上帝／基督才是主因。師傅只是在做指點的功夫、啟發的功夫，所以不是控制、掌管，而是朋友的關係，是比較平等的，有一種距離。而正因為距離，所以可以看得比較清楚，只有保持一顆清明的心，才有可能作出指點的功夫、啟發的功夫。我們上面所講的直指人心、當下即是、詭辭為用，都是建基於友誼，友誼是保持距離地關心對方。只有這種條件才可以實踐這種大智若愚的易構。因為有一定的距離，所以可以成為「諍友」，可以直指人心，可以當下即是，可以正言若反 / 詭辭為用。有怎麼樣的生命就有怎麼樣的實踐。

沙漠教父的生命是友誼的生命，為甚麼他們有這種友誼的生命？既保持距離但又有所關心，用神學的的詞語來說，這是一種“transcendental and immanent”、“distance / difference and relation”的生命。上帝的生命本來如此，人作為上帝的形象也反映這種生命。因此我們可以說，上帝跟我們是一種友誼的關係，沙漠教父就喜歡講上帝與人之間的友誼。這裏涉及了人與上帝的關係。作為罪人，人首先要被更新回復這種形態的生命：既超越又內在，既有差異又連結一起的生命。沙漠教父的生命也不過是這種生命的操練，並活出這種的生命。這種既超越又內在，既有差異又連結一起的生命，本身就是弔詭的生命，這弔詭的生命，最終要指向上帝自己這種生命。因此沙漠教父只是指點、啟迪，讓人最終在上帝面前認識自己，而不是讓人最終在沙漠教父面前認識自己。

實踐信仰的智慧

一

信仰的本質乃在於活出真實的生命。我們說活出信仰，我們也說以生命見證信仰，這活出，這見證，其實就是實踐。因此，信仰首先不是討論的對象。當我們討論信仰，我們是在反省，這種反省活動，有人稱之為信仰反省，有人稱之為神學思考。當然，思考也是重要的，但思考信仰並非只為思考而思考。我們思考信仰，最終只為生命可以活出信仰、實踐信仰；我們思考信仰，最終只為讓信仰可以在我們的生命中活現實踐出來；我們思考信仰，最終只為讓生命活得豐盛和真實。

作為牧者傳道、神學生，我們經常進行理性的思考活動：認識信仰的內容，認識信仰中的人—神關係、人—人關係、人—物關係等。作為牧者傳道、神學生，我們也經常且十分渴求地學習許多的實踐 / 實用技巧，如講道的技巧、輔導的技巧、佈道的技巧、行政的技巧等。只是，我們在這些思考和學習中，往往容易忘記這些最終是指向具體的生命和生活場景。神學也好，技巧也好，其實我們很多時都在學習的過程中將其當作知識來處理，也就是說，抽離了具體的生命和生活場景來學習和了解。這不是說只對神學和技巧作抽象的討論，而是說，即使我們在討論的過程中把具體的生命和生活場景也一併思考，但仍然只是在知性、理性的領域內去了解和認識，而不是在活生生的人生遭遇中去了解信仰的意義和學習牧養的技巧。這樣難免紙上談兵，流於空講。

因此，我們在這裏講「實踐信仰的智慧」，就是要提醒信仰是一種生命實踐的智慧活動。要獲取生命的智慧，只能在實踐中獲取。這種智慧是具體的、處境的，即所謂人生智慧；智慧是跟人的生命有關的，而非抽象的、普遍的，正如信仰並非抽象的、普遍的，而是具體的、處境的。這也就是說，信仰是活生生的。如何把信仰在生活中具體活現出來？這是要我們在生活中去實踐信仰方才能夠掌握得到的。正如一個人學游泳，若只講理論，他永遠學不懂游泳，他只能在游泳中學習如何游泳。同樣地，只有在生活中實踐信仰，才能掌握實踐信仰的智慧。

作為一個牧者、傳道人，單單完成一個學位，擁有一張文憑，是不足夠的。因為牧養正是一種信仰的實踐，而且不只需要知識，更需要智慧。擁有學位、文憑只表示你對神學有一些基本的知識，對技巧也有一些了解，但並不表示你有牧養教會的智慧。牧養不是一種知識的啟導，牧養不是講授理論、傳遞資訊。牧養是把我們所認識和體會的信仰轉化成幫助會眾面對自己處境的過程。這裏有三方面需要加以注意。第一是我們對信仰的認識和體驗。第二是轉化的問題。第三是分辨可以解決的處境與只能面對的處境。

二

首先，對信仰的認識和體驗永遠是終身的。然而，這種終身性並非只是表示要一生延續不斷的認識和學習。如果這種不斷認識和體驗只是重複自己過往的經驗和知識，那麼，這種終身學習並無任何意義。終身的體認信仰是要求我們有一個開放的生命和心靈，願意不斷吸收、認識信仰的豐富性；並且，必須再次強調，我們不能只停留在知識的層面，也同時要在生命上、生活上體驗信仰的豐富性和對應性。這種認識和體驗就不能只靠神學院的教導，不是畢業後回神學院多修讀一兩個科目就可以了事的；更重要的是培育一種自學的能力，能夠不斷學習，不斷來回於知識和體驗之間，從而在知識和體驗上都對信仰有更豐富和適切的了解。

這種自學，這種終身對信仰的認識和體驗，首先對自己有幫助，能造就自己的生命，然後才成為他人生命的幫助。因此，作為牧者，若要能幫助弟兄姊妹，自己得先有深入和豐富的信仰認識、體驗，不斷向上帝開放自己，不斷吸收、了解、明白，又化成自己的生命，方才可能。「敬畏耶和華是智慧的開端。」牧者傳道最容易犯的毛病是忽略自己要對信仰有更深切的經歷、體驗和認識。我們都經常陷入為他人而講道，為他人而教主日學，為他人而學這學那，但卻並不為己，於是所言所做許多都是離身的。自己沒有體會，沒有感動，又如何可能真正幫助他人？枯乾的生命如何可以聽到他人心靈的需要？自己心靈閉塞如何可以牧養弟兄姊妹？

三

單單對信仰有豐富的認識和體驗還是不夠的。在牧養的實踐活動中我們是牧養會眾，而非牧養自己。因此，雖然我們可以對信仰有豐富的體認，又認識了許多技巧，但仍是不足夠的。把我們對信仰的認識用以幫助不同處境的信徒，不單需要技巧，更重要的是需要智慧。這種智慧就是我們要講的實踐的智慧、轉化的智慧。每個人都是不同的，每個人的處境也是不同的，因此，我們在神學院課堂上學來的知識是需要轉化的，轉化成可以對應他人的處境。我們在生命上體驗的信仰也不一定能完全對號入座，那需要轉化才可以對應他人的處境。因此實踐的智慧就是能夠把一些通則、原理具體應用在不同的處境上，實踐的智慧也能夠把自己很個人的體驗演繹為可以幫助不同處境中的人。

實踐的智慧不單是技巧，更是一種轉化應用的能力。這裏涉及三方面。一是對信仰的掌握和了解，另一是對會眾個別處境的掌握和了解，最後是把兩者連接起來，就是在了解曉得會眾的獨特處境後，從而找出恰當對應的信仰指引和幫助。這絕不容易。就如面對經濟轉型、新的網絡文化、單身心靈、中年信仰危機，不能只講四海皆準的道理，必須適切（信仰對他的意義）才有幫助。會眾的生命狀態，即具體的生活問題、掙扎，要接觸、探訪才能了解。一方面，我們要洞悉世情、了解人心、體察民情，這已經是一種智慧。在中國人中，道家的人物最能表達這方面的智慧。道家哲學強調「虛」，也就是不要自以為是，不要「充」「大頭鬼」，卻要默默的聆聽、觀察、感應、容納，這方面對我們很有啟發。主耶穌說的柔和謙卑跟道家所說的很相似。

另一方面我們要對信仰有通貫的掌握、體認。這不是要我們有百科全書式的了解，而是對信仰有通透貫徹的認識，對信仰的深度和闊度有足夠的掌握。我們上面說終身學習、終身認識信仰其實是指到這一層面，不純是量的問題，而是質的問題。譬如在深度上，我們對上帝的愛的體驗有多深？我們如何理解十字架的大愛？又譬如在闊度上，這種愛對生命的每一層面、人生的不同階段有甚麼意義？這都不是容易的，但都是重要的，在牧養的過程中不可少的。有了這兩方面還不夠，我們還要針對會眾獨特的處境提出相應的幫助和指引，讓他們在我們的牧養下，可以體會信仰的豐富和適切性，可以體會福音的大能。

四

最後，在牧養中我們需要建立一種分辨的智慧。我們要曉得信仰並不可能解決一切人生的問題，但卻能幫助我們面對人生的一切問題。此即我們常說的「信仰盛載生命的能力」。在這個世界生活，特別是在一個罪惡和苦難的世界中生活，有許多遭遇我們是控制不了的、逃避不了的。死亡我們固然不能控制、避免，就是疾病許多時也不易避免，人際關係的不協調有時也不易避免。我們能面面俱圓嗎？有人說，單是生存，已經可以叫人受到傷害。客觀上，我們有許多事情是控制不了的，譬如說，我們很難完全控制別人對我們的反應。信仰不能幫助我們在現世免去死亡、痛苦、疾病、人生的不幸等，這從聖經中許多人物的遭遇，即可見一斑。詩篇中許多的埋怨，約伯記與傳道書中的各種不平，使徒保羅自身的軟弱以及所遭受的許多攻擊，都是如此。

信仰不一定可以叫我們在這一墮落的世界風平浪靜、一帆風順，但信仰卻教導我們去面對崎嶇的人生，在困苦中活出生之勇氣。這是我們作為牧者首先要體會的，首先要學會分辨的：在現世，甚麼是可以解決的，甚麼是只能面對的。然後，我們才會明白福音的大能是甚麼意思。身為牧者，我們必須曉得分辨，因為若非如此，我們就會把我們的信仰變成民間宗教、變成「黃大仙式」的功能性的信仰；因為靈驗，因為能幫助解決困難，因為能消災解難，所以就相信。當這個世界已經墮落，罪惡滔天，誰能獨善其身呢？誰能逃避苦難的網羅呢？惟有上帝終末的新天新地才能完全改變這一切。然而，當我們仍然在這個世代中生活，信仰給予我們的就是讓我們有活下去的能力，有面對人生不幸的勇氣，並且能幫助有需要的人一起去面對，一同走過生命的死蔭幽谷。

五

在總結的部分，讓我們一起就以下問題好好反省，以預備自己牧養上帝交託給我們的羣羊。

1. 身為牧者、事奉上帝的僕人，我們如何保持終身學習，以致能夠不斷地幫助人建立生命？
2. 牧養教會亦是信仰之實踐，在此實踐中，我們在下列兩方面的能力如何？
   洞悉世情、體察人心；
   活用信仰、適切指導。
3. 信仰乃盛載生命的種種，我們如何幫助信徒有勇氣地生活，走過人生許多不能避免的死蔭幽谷？

缺席的事奉

一

還在神學院唸書的時候，同學之間有次談及牧養的模式，提出「缺席的事奉」（ministry of absence）。雖則半說笑半認真，倒是上心，一直到如今。後來到英格蘭和蘇格蘭求學，和妻子過了三年悠閒的生活，專心一事，充實的感覺前所未有。回來有次在教會小組分享各人心中的理想，很自然地，不假思索就說「當二世祖」。

我在尋找自己的事奉模式，在尋找的過程中，不經意地，我也同時在建立自己的事奉神學。

二

我的起點是人的有限性。人活在時空之中，上帝命定人自身的完成乃一過程，要在一空間中進行。時空，不單是人活動的範圍，也是人事奉上帝的場所。人永遠不能扮演上帝，否則就是僭越，即使在事奉一事上亦然。

遺憾的是，華人教會的傳道牧者，總有個理想的形象，仿效上帝的無所不在，無所不能。人的有限性只是佈道會、傳福音中的信息，倒是跟事奉拉扯不上任何關係。只爭朝夕。

三

先說無所不能。傳道牧者的無所不能以「無所不幹」的方式表現出來。以無所不幹來定義事奉、衡量熱心，後果就是量化。量化還不打緊，要命的是無限量化。既無限量化事工，也無限量化生命。透過可見的量化事工，好肯定自己的重要，確立自己的意義。生命卻落得平面膚淺，以數字堆積而成。

為甚麼不能做得少一點，但卻做到最好？我們跟我們的信仰羣體是否有把做的「多少」跟事奉劃上等號之嫌？人是有限的，當在質與量之間只能任擇其一之時，我們的選擇又是甚麼？妄顧現實，以為能兩手兼得，只會弄得心疲力竭，身死心死。「滿了一把，得享安靜，強如滿了兩把，勞碌捕風。」（傳四6）

或許，我們都把自己看得太重要了：離了我，我的信仰羣體就不能做甚麼。或許，這種重要的感覺，要一力承擔的

「憂患意識」，不過是「肯定自我」的變身或投射，好合法化我們的無所不幹。在無所不幹的過程中，我們不斷經歷著自身的有用性，體察著上帝正在大大地使用自己，在天國的大業中。

四

無所不幹自然就要無所不在。向來，我們都有一種未經反思的觀念，以為「參與」、「到場」、「出席」（presence）就是事奉，反過來「退隱」、「缺席」就不是了。或者，即使後者是事奉，也不過是消極性的，正如休息是為了更好地工作。「退隱」、「缺席」，於事奉，只是工具性的。行動、做，才是事奉的本意所在。於此，我們並不了解主耶穌對馬利亞的讚語（參路十42）。那上好的福分難道不也是事奉嗎？

無所不在才能無所不幹。無所不在才能干預、控制、引導、帶領、糾正。無所不在才能有所建設，按著自己心中的藍圖，建立人的生命，建立信仰羣體。但潘霍華說，那是人自我主宰意識的活動（《團契生活》〔*Gemeinsames Leben*〕，鄧肇明譯〔香港：基督教文藝出版社，1999〕，頁19，21）。無所不在，就人來說，不過是權力的展示和運用。

缺席也可以是事奉，退隱也可以是事奉。上帝不一定要我們凡事參與，凡事掌舵，凡事過問。人是有限的，有限的人並非無所不能，既非無所不能，就自當適時而退，免得成了攔阻上帝事工的絆腳石。勉強的參與，不必然可以保障事如神願。僭越位分不單自傷己身，更招致戕害羣體，損人不利己。

能缺席，就能讓出空間；能退隱，就能放下權力。如此，創造了條件，讓服事的對象可以自己成長。在不干預、不主宰底下，萬事萬物卻能順其性而各按其時，成為美好。人豈不然？信仰羣體又豈不然？只是，我們接受得了嗎？只是，我們有此智慧，能在適當的時候退下來嗎？好叫他者跟自我，同時成長？抑或，甘心疲於奔命，傷痕纍纍，到頭來落得不知所措，迷失自己？

五

人是有限的，很少人能同時做很多但又做得很好。我們必須認識自己的界限，當然，界限並非畫死的，只是，總有個界限。沒有自知之明，無所不幹，滿以為熱心事奉，但卻在毫無心理準備底下備受挫折，飽受傷害，並非「熱心」可以醫治救活得了。人，永遠是有限的。只是各人皆不同。何以必需向某人看齊，以某人為標準？此一時，彼一時，年青單身跟成年已婚，又是兩個不同的處境，各有艱難限制。性格、學問、恩賜統統皆有界限。清楚了解自身，才能發揮所長，然後讓力不能及、力有不逮的地方，留待上帝工作，留待其他同工補上，留待服事的對象自己成長；那是他者的空間，僭越只會戕害。

人得面對自己，接受自己的種種限制，在位分之內竭盡所能，如此而已。牧者傳道，又豈不然？

文章原出處

謙卑，以承受種種生命（原刊於《信義宗神學院通訊》第62期〔2000年8月〕，頁1～2）

成牧者：教養、修養、牧養（原刊於《教牧期刊》第6期〔1998年〕，頁129～135。本文原發表於一九九七年二月二十一日信義宗神學院一以「徘徊十字路口的牧者」為專題的週五專題聚會上）

「大智若愚」的生命牧養：易構與沙漠教父（原刊於《時代論壇》第1058期〔2007年12月6日〕。本文最初是回應蔡貴恆牧師於二○○七年十一月十二日舉辦的「現代靈修師父：心理健全與靈性——甘東農和沙漠教父的對話」專講）

實踐信仰的智慧（原刊於《香港浸信會神學院院訊》〔2003年4月號〕，頁7～8）

缺席的事奉（原刊於《信義宗神學院第二十一屆畢業特刊》〔香港：信義宗神學院，1998〕，頁25～26）

延伸閱讀

畢德生與唐慕華合著的《顛覆文化的牧養之道》（陳永財譯〔香港：天道出版社，2006〕）十分合時但不一定合符時下文化的口味。司徒德（John Stott）的《傳道人的楷模》（*The Preacher's Portrait: Some New Testament Word Studies*；匯思譯〔香港：天道出版社，1988）〕仍是經典之作，是前輩語重心長的提醒。盧雲（Henri Nouwen）的《建立生命的職事》（*Creative Ministry*；吳秋媚、黃偉明譯〔香港：基道出版社，1996〕）、《負傷的治療者——當代牧養事工的省思》（*The Wounded Healer : Ministry in Contemporary Society*；張小鳴譯〔香港：基道出版社，1998〕）都是不可不讀的。有關牧養的智慧，關瑞文的短文〈牧養離婚者：牧者的掙扎〉（《信息》第252期〔2003年4月〕，頁5）及其〈神學理論與教牧實踐之結合〉（《崇基神學組通訊》第63期〔1999年2月〕，頁4～7）均很有啟發性。甘東農：《鮮活故事——教會裏的牧養輔導》（*Living Stories: Pastoral Counseling in a Congregational Context*；李金好譯〔香港：基道出版社，2006〕）是易構的個案版本，顯出大師功架。

5

青少年事工

香港文化與青少年牧養

一、引言

為甚麼要講故事？

因為不同的故事可以塑造不同的身分，盛載不同的價值，以及引導我們作出不同的實踐。

為甚麼講「香港文化與青少年牧養」，要講故事？

因為了解這個城市講怎麼樣的故事，這個城市的文化就可從中窺見，而她的身分、價值觀、實踐等，都可以從她所講的故事中窺見。

那麼，與牧養有何相干？與青少年牧養有何相干？

理由很簡單。青少年的身分、價值觀，以及行為，無可避免地離不開這個城市的文化；這個城市所講的故事，在一定程度上塑造這個城市青少年的身分、價值觀，以及行為。

我們現在要談青少年牧養，那麼，我們怎麼能夠不談這個城市的文化，這個城市所講的故事？

這個城市所講的故事，不一定是我們信仰要講的故事，可是，我們的教會又是否在講述信仰要講的故事？抑或我們的教會在講一個滲透了這個城市所講的故事的元素的一個故事？

我們有可能講一個另類的故事（an alternative story）嗎？

我們講一個怎樣的另類的故事？

我們講一個另類的故事，可以怎樣幫助我們去反省、去實踐教會的青少年牧養？

我們講一個另類的故事，甚或，觸及的是我們自己對信仰的了解，對教會的認識，而並不止於青少年的牧養。因為我們所認識的自己，我們的價值觀，我們做事的方法，都塑造我們怎樣去實踐青少年牧養。因此，我們不得不追問反問自己，我們的教會在傳講一個怎樣的故事。

二、教會現在／今天／當下在傳講一個怎樣的信仰故事？

（1）有神學院老師講到他對華人教會現今走向的擔心：一方面是世俗化的問題，另一方面是泛靈恩的問題。這也是我近年的感受。當然，這並不表示全港的教會要不是世俗化，就是泛靈恩化，但我卻相信愈來愈多教會正在走上這條道路，並且是在不知不覺中走上這條道路，而缺乏信仰之嚴肅反省。

（2）基本上，我以為這兩種趨勢分別講述兩種**成功的故事**。在這裏我所指的世俗化是指自啟蒙時代以來以理性為首的一種世界觀、價值觀、做事的方法。韋伯（Max Weber）對加爾文的改革宗和資本主義興起的研究有其啟發性。簡單來説，改革宗面對一個難題，信徒如何知道他是得救的呢？他自己並沒有十足的把握，因為這是上帝的揀選。然而，被揀選的會活出某種記號，於是惟有努力做好自己的工作，獲取財富，藉此而服事上帝，表明自己是擁有被揀選的記號，有此記號就表示自己是被揀選的。結果就是資本主義的興起。

（3）我們有興趣的是，改革宗講的是一個如何得救的故事，但卻導致了某種實踐的方式，就是努力工作獲取最多的財富，獲取成功，以表明自己蒙上帝拯救。而「努力工作，獲取最多的財富，獲取成功」就獲取了某種重要性，成為我們今日所講的核心價值。

（4）更重要的是，啟蒙時代把「理性」滲透進這種「核心價值」之內。「努力工作」意即運用工具理性、程序理性、目的理性等等來工作，這樣才能「獲取最大的成功」。並且，這是相當個人主義的，因為每個人都擁有這種理性，運用與否是每個人自己的問題，所以每個人都要為自己的成功與失敗負上最終的責任。

在這樣的理解底下，就導致「成功主義」的身分定位，人生的價值乃在於賺取最多的財富，在實踐上自然就是運用理性努力地工作——只能靠自己，適者生存，在競爭中獲勝。

（5）在呂大樂對香港中產階級的分析中，他表明九七前後的中產階級就是這樣的一羣市民，就是「後七一」也沒有多大改變，只是境況變得困難了，但他們基本上仍然是「通過市場機制以個人化的手段去解決問題」（呂大樂：《中產好痛》〔香港：進一步多媒體，2004〕，頁136）。他們習慣運用自己的資源來面對困境，基本上「只要經濟保持繁榮穩定，對其他事情便沒有甚麼意見」（頁135）。這也就是說，他們最關心的是經濟，因為這是他們獲取成功的領域。他們也關心競爭的機制是否公平（其實是市場經濟），因為可以以最大的努力去獲取最大的成功。所以他們會傾向反對福利主義、特權主義，而要求「普遍主義」——在市場中自由競爭。

（6）中產的身分、價值觀與實踐對教會有何影響？也就是說，成功主義、賺取財富、個人努力競爭等會怎樣影響教會？如果我們所說的世俗化是指到由中產階級所代表的身分、價值觀與實踐，那麼，教會的世俗化又會是怎樣子的？

我想高舉成功是教會世俗化的一個明顯特徵。

這成功又以量化來衡量，一如財富可以被量化一樣，如人數增多，奉獻增多，堂會面積增多，教牧同工增多……諸如此類。

這種量化的價值觀又是可以透過工具理性來實現出來的，一切均在計算之內、控制之內，以達到既定的目標，所以這種理性又是目的理性。

（7）世俗化的教會，就是以工具理性、目的理性來管理教會，達至可以量化的最大出產（output），這就是成功的教會，也是上帝祝福的教會。但留下的問題是，誰來看守生命？誰在守護價值？而更甚的是，這又是否扭曲生命、否定價值？世俗化的教會傳講的故事，很自然是成功的故事，而且是一個個人成功的故事。強調的是上帝對個人的祝福，信仰的意義乃在於上帝幫助我們在事業上的成功、不斷強化我們個人擁有的資源，然後我們又可以運用自己的資源不斷去創富、創造更大的成功。

在這種強調成功、強調上帝對個人的祝福的故事中，並不容得下失敗，失敗就是個人的問題，也表示失去上帝的祝福。但扭轉失敗局面，變成成功，亦是個人之事，也表示是上帝的祝福。上帝祝福這個人，讓他有能力成功，或是替他掃除障礙得以成功。

這很有一種西諺「天助自助者」（God helps those who help themselves）的意思在內。

（8）中產世俗化的教會的青少年工作會是怎樣的？他們工作的對象會是失敗的青少年嗎？失學、失業的青少年他們會關心嗎？會招呼進教會嗎？抑或成功的青少年才是他們工作的對象？進大學、家境富有、才華了得、名校學子……這樣的教會會是開放的嗎？真的不分任何種類環境成功失敗樣好樣衰的青少年？抑或基本上是自成一派的自閉式的青少年工作？結果是臭味相投的教會提供一種為成功的青少年而設的事工？

（9）這樣的事工一方面只服事成功的青少年，或改變失敗的青少年並使之成為成功的青少年。這裏的成功是中產階級成功主義所講的成功，講的是升職 / 升官發財，投資賺錢。我們講的成功並不涉及價值的建構、文化的再造和更新，甚或對信仰體悟與解讀的生生不息。

因此，即使後者成功，但前者仍然失敗，我們的中產教會仍然傾向以為這是失敗的，因為個人沒有在這方面努力，上帝沒有在這方面祝福，而這是得救的外顯的表記。

於是，我們的青少年事工，就是教導他們努力讀書、努力工作、努力把握機會，當然，也努力祈禱尋求上帝的幫助，而在教會中的聚會、上主日學、返團契、祈禱讀經事奉等，都可以被收納於這一指引底下來了解：透過與上帝緊密的關係中獲得祂的祝福。而關係，相對地來講，只是次要的甚或只是工具性的（看，工具理性又出現了），目的是為了獲取上帝的祝福（看，目的理性又出現了），達至上述所講的成功！

一句話，「信上帝，得祝福，可成功」，跟昔日「信耶穌，得水牛，有奶粉」相距不過是五十步與百步之差。

（10）另一方面，這樣的事工並不能正視失敗、軟弱的人生面相。這裏所講的不單是個人是否努力的問題，同時可以涉及不受個人控制的客觀環境的限制，中國儒家講的「命限」即屬此一範疇的討論。

人的逆境有時是不能給完全超越的，「生、老、病、死」固然是，人生的際遇又何嘗不是。

舉一個我自己的例子。我是在上世紀七〇年代末參加會考及 High Level（不是 Advanced level）這類公開考試的，但在當時的情況下我的成績讓我不能進大學，結果我要唸大專，但如果換到九〇年代或八〇年代末，即十年後，我相信我的成績絕對不成問題，很可以進大學，因為大學學位多了。這裏面的是甚麼問題？這裏面要講的是，順境逆境不是個人可以完全控制的，當中客觀的環境很有限制性、主宰性。

信仰在這裏的意義是甚麼？是幫助人從逆境轉入順境？從失敗轉入成功？抑或幫助人面對逆境、面對失敗？而我們並不知道順境甚麼時候來到，成功甚麼時候來到。人可以盡上他的努力，但卻不一定「成功」，他不一定可以上大學，他不一定在他的工作上一帆風順；因著許多先天與後天的限制，他不一定達到中產階級所講的成功。一個人的家庭背景可以在很大程度上決定了他的競爭能力、他成功的機會。我們那些活在貧窮線底下的家庭，他們的青少年如何可以成功？——特別當中產強調公平競爭，而所謂公平競爭即由市場來決定，政府不應投放資源幫助貧窮的青少年以改善他們的學習環境。每個人都只應憑自己的努力而不應假手政府（政府只負責維繫公平競爭——形式上的公平）或他人來達至成功？這反映了其背後的個人主義思想。

信仰在這裏有甚麼話說？一所中產的教會，其信仰並沒有甚麼好說的。一所中產的教會，其信仰之中根本不能正視失敗的人生或掙扎的人生。這是因為基本上他們不容許失敗、逆境。

（11）然而，即使我們講「成功」，這是信仰所講的「成功」嗎？中產階級的「成功」是以財富為標誌，強調這是個人努力的成果，這些都是信仰所推崇的成功嗎？我們的信仰在這裏有甚麼反省呢？但這並非對賺取財富予以否定，而是提問：賺取到大量的財富是否就是成功的人生？而人生的成功又是否只在於賺取財富？這恐怕是我們不得不思考的問題。

如果一所教會的文化是以此為準的，那麼，當中的青少年就會如此這般地被教導，不斷潛移默化。這樣的教會其青少年事工會是怎麼模樣的呢？這樣的教會會吸引甚麼樣的青少年？她會排斥甚麼樣的青少年？這樣的教會會傳遞怎樣的意識形態或怎樣模式的信仰給青少年？其效果又會是怎樣的呢？

（12）有別於中產教會，我所指的泛靈恩的教會是那些強調聖靈即時的工作的教會，可以是敬拜讚美的教會，可以是祈禱醫治的教會，更可以是傳統的靈恩教會。這些教會特別的地方並不如中產教會那般強調個人努力工作，而是反過來強調聖靈在個人身上的工作。原則上這是沒有問題的，可是，真的沒有問題嗎？

（13）首先，這是否仍是個人主義？此外，這是否仍然強調成功？

還有更嚴重的問題，那是較中產教會的問題更嚴重的，那就是追求即時性的果效。這裏面就有一種嫌疑，是否把信仰變成魔法（magic）？

如果真是這樣，那麼較諸於中產教會更為嚴重的問題，將會是：信仰使人逃避現實，而不是面對現實。為甚麼這樣說呢？這主要涉及聖靈的工作這課題。

我個人對聖靈工作持較保守的立場，我自己的立場是以宗教改革家路德與加爾文等人為準。簡單來說，聖靈的工作是以聖道來規範的，聖靈最重要的工作是讓人認耶穌為主（林前十一），帶領人進入真理之中（約十六12～13），從而生命被改變、轉化、更新。當然，聖靈也賜下恩賜，但目的乃在於建立教會。然而，在泛靈恩的教會中，我們流傳的又是怎樣的故事？

（14）在泛靈恩的教會中，我們流傳的是魔法的故事（magic story）。甚麼是魔法？跟信仰有何分別？當代浸信宗神學家麥乾頓（James Wm. McClendon, Jr.）有如下的分別：宗教信仰講的是受造物在上帝面前降服下來，從而重新發現及追求上帝為他們預備的道路；而魔法則是指魔法師從神靈（或甚至上帝）那裏奪取能力以服事自己的目的。魔法意即控制，按特定的禮儀、儀軌（如某種方式的敬拜、祈禱）來達至對超自然的控制。

但上帝是可以被如此計算和操控的嗎？這並不表示上帝不會有超自然的能力的作為，但這只能出於上帝的主權和自由。魔法的問題是以為按照某種特定的儀軌呼喊敬拜祈禱就可以獲取某種改變、得到某些能力，這正否定了上帝的主權和自由。

（15）事實上，這種魔法最易見於崇拜之中，並且跟感性崇拜（affective worship）有密切關係。這種敬拜並非對上帝的敬拜（對上帝的敬拜是一種回應的舉動），而是一種集體的自我喚醒或集體的彼此娛樂或是彼此頌唱、彼此教導、彼此宣講；可是，真正的崇拜應是人與上帝的往來。我們如果忽略了上帝那一面，又忽略了我們在敬拜中主要是對上帝作出回應，那我們就有可能陷入自我娛樂的危機之中。

真正的祈禱，是向天父向上主發出的；而宣講，乃是宣講上帝的話語，那是從上而來的聲音，而不是我們自己的意思。

自我娛樂最關心的是自我感覺良好，強調的是受感動，這種情況引申出來的結果，就是人要追求滿足自己的需要。若自己有需要，很自然會想透過某些宗教儀式來獲得滿足，這就涉及魔法崇拜了，這就涉及透過某種特定途徑想要主宰上帝並使之賜下能力或恩賜。

（16）感性崇拜把自己跟上帝的互動截斷，而落在一種自我陶醉的醫治過程之中，魔法崇拜則要求主宰上帝以滿足其需要，但兩者均非崇拜之本意。

這種泛靈恩敬拜，其實並不尊重聖靈，聖靈的工作是隨己意而行，是不受制於人的意思的，祂只受制於聖父及聖子。人的靈想控制聖靈，又或是人的靈自己作主拒絕聖靈在敬拜中帶領我們進入跟人性、跟世界本性不一樣的真理之中，兩者都有問題。前者是魔法敬拜的問題，後者是感性崇拜的問題。追求的是一種即時的「成功」感覺。這種「即時感動」意指即時感到自己的生命有意義、有價值、有能力。而所講的泛靈恩，其實指的是人的靈的泛濫以致要不是拒絕聖靈就是控制聖靈，這是人的靈當道，人的靈被高舉的一種信仰實踐。

(17) 那麼這種教會文化帶來的青少年事工是怎樣子的呢？我相信不難想像，這種事工會重視感受，「好feel」；重視釋放，得醫治；但還有別的嗎？

這種事工要建立的是一種怎樣的身分？其所負載的價值又是怎樣的價值？帶來的實踐行動是怎樣的？

我自己有一種感覺：這種事工的果效是即時、短暫的，並且會上癮的，像吸毒一樣，讓人在某一段時刻之中享受一種即時、短暫的經歷，在這種經歷之中所建立的身分會是怎樣的？其內容是甚麼？

如果是魔法式的，則是一個「控制主宰」的主體 / 身分，這會讓我們感到無比的感動；即或在外在世界失敗了，也不打緊，因為在這裏，天地之主也要幫助我。突然之間我們的身分被拔高了，並感受到自己身分的尊貴。由此也出現一種對世界否定的態度，對教外人輕視的態度。一種「屬靈的自傲」由此而生。「我是特殊的！」

這當中的「價值」乃在於「即時提升生命」，其信仰實踐則是「控制」、「主宰」。這種身分、價值，以及實踐，其實跟中產教會相距實在不遠。

另一方面，感性敬拜的青少年事工又如何？

這種事工建立或強化了一種怎樣的身分？很明顯，這是一種「感性」的身分，而感性是短暫的，人不可能長期處在亢奮的狀態底下，那麼，在亢奮之後又如何呢？落在極度失落之中，似乎是無可避免的後果。「感性」的身分其實是脆弱的，不持久的，沒有方向的。他們重視的是「即時轉化生命」：進入另一種狀態之中，有特別令人亢奮的經歷體驗。

這樣的信仰實踐，其實是一種感官帶動的實踐，是感官相互來回互相刺激的實踐，在當中極為缺乏「上帝話語」的參與，因此並非一種聖靈透過上帝話語感動人心的實踐。事實上，感性崇拜往往把上帝的話語減到最小，或簡化成一兩句叫人感覺良好的口號，也沒有充分的空間去讓聖靈工作，只不斷充斥著人言而非聖言。

（18）問題是，在日常生命中這種信仰形態是否可以幫助我們的青少年面對重重障礙、困難、挫折？會否因為反應愈大，愈會逃避現實？在教會中的「信仰實踐」是成功的、感覺良好的，但在現實生活中卻相反。而更嚴重的是，在現實生活中無法重複信仰生活中的成功，這只有在特定的信仰實踐之中——敬拜讚美、祈禱醫治等——才能享受這種成功的滋味。離開了這場景，信仰又似乎失去了其效能。如此一來，我們的信仰其實變得軟弱無力，只侷限在某種私人空間才能實踐，而缺乏了面對現實、走過艱難日子的能耐。教會中的信仰實踐變成了避難所。

（19）我們都在傳講成功的故事，中產世俗化的教會在傳講他們自己成功的故事，泛靈恩的教會也在傳講他們自己成功的故事。當然，我們也可以說，有些教會同時傳講兩種故事，並使之糅合起來。其實，這兩個故事並不互相排斥。

中國傳統有內聖外王。我們上述所講的也是內聖外王的版本。中產世俗化的教會講的是外王的成功；泛靈恩教會講的是內聖的成功（心靈得幫助、醫治）。事實上有些教會可以兩者並行不悖。

我相信有怎樣的教會就有怎樣的青少年事工，因為青少年事工並非獨立於教會信仰文化之外的。如果把青少年事工抽離教會的信仰文化來討論，這是不切實際的；青少年事工並非只是某些中性策略可以適合所有教會的。

事實上，不同信仰文化形態的教會，很自然會衍生出相應的青少年事工；青少年事工基本上是由這個信仰文化所傳講的故事來導引的。所以我們必須問：我們的教會在傳講一個怎樣的故事？

三、我們的信仰在傳講一個怎樣的故事？這個故事可以如何幫助我們的青少年？

（1）世俗化的中產教會傳講現實成功的故事，泛靈恩的教會傳講屬靈成功的故事；一個傳講外王成功的故事，一個傳講內聖成功的故事。

但基督教信仰傳的是成功的故事嗎？這就讓我不期然想起榮耀的神學，以及路德的十架神學。還有就是保羅在哥林多前書所講的：「猶太人是要神蹟，希臘人是求智慧，我們卻是傳釘十字架的基督……」（林前一22～23）

（2）我感到這裏的思路應該是這樣子的：

1. 耶穌所展示的故事，是一個邀請人一起上路的故事；

2. 教會所展示的故事，是一個跟耶穌連結在一起的故事，因此也是一個邀請人一起上路的故事；
3. 教會的青少年事工就是邀請青少年一起上路的事工；在這條道路上有耶穌，以及跟隨耶穌一起上路的教會／弟兄姊妹。

（3）我們所傳講的耶穌的故事，基本上是一條走向十字架道路的故事，但卻又是生命和真理的道路故事；因為耶穌自己說：「我就是道路、真理、生命。」（約十四6）這條道路是一條活在真理與生命之中的道路。

然而，這條道路並非抽象的，而是在世的道路；並非世俗成功的道路，而是充滿危險和攻擊的道路（豈只耶穌的道路如此，跟隨祂的門徒，他們的道路亦如此，我們看看初期教會就知道）；這條道路，沒有強烈的心靈被戲劇化地提升轉化，倒卻充滿掙扎（因為走的是十字架的道路，苦杯並不易喝）；這也不是魔法的道路，而是甘願承受一切困苦甚至死亡的道路（耶穌沒有差使天軍天馬十二營天使來拯救祂，沒有透過聖靈施行神蹟奇事使自己從十字架上走下來）。

耶穌是誰？耶穌的身分是由祂自己在世的道路而被確認出來的。祂的道路是一條因為愛而甘願受苦的道路，也就是分享生命的道路，只有這樣的生命才是真實的（truth），真理就在這分享當中顯明出來。

這分享生命的實踐是交往、相交，是接納，是寬恕，是容讓他人的生命可以再有機會（因此是恩典）活得真實和豐盛。

福音書中的記載，正是耶穌的道路，正是這樣的一幅圖畫。

（4）耶穌是誰？祂是在旅程之中，在道路之中逐漸被辨認出來的，祂的身分並非預先就為人知道的。福音書的作者是在知悉一切之後從後回溯而寫成福音書的。但在這之前，福音書的作者並沒有先見之明。

這表明了一個人的身分，是在時間和空間中顯現出來的、實現出來的。耶穌是在特定的時間和空間中實踐祂的生命，以顯出真實是甚麼的，祂是在時間的道路和空間的道路中行走過來，而成就祂自己的生命的。

這「時間」涉及的是可能性、將來等問題。如果一切皆由當下決定，那麼將來只是當下的延伸。如果當下成功，則將來成功；如果當下失敗，則將來失敗。因此，當下成了決定性的。然而，這是決定論者的線性時間觀。這只會扼殺新的可能性與創造性。

（5）將來是否開放的？當然，在信徒來說，終末的將來是開放的；可是，歷史的將來呢？可見的歷史的將來呢？或者，至少，現狀是否可以改變的呢？「改變現狀以便創造將來」是否可能的呢？

我們在哪裏可以看見歷史的將來是開放的？這大概又涉及我們所講的歷史的將來是怎樣的將來？耶穌的道路讓我們看見的歷史的將來是怎樣的？當然，我們很清楚終末的將來，在那天，一切都更新了，沒有眼淚，沒有死亡。可是歷史的將來呢？

這對我們今天的青少年來說豈不是切身的問題嗎？我們

的青少年可以看見他們自己的將來嗎？我們的信仰與教會，在這個問題上會怎樣回答呢？我們會為他們講一個怎樣的將來？這個將來會實現嗎？

（6）耶穌的道路必須要在教會中落實下來，也就是，教會要繼續像耶穌那樣接納、寬恕，容讓他人的生命可以不斷有機會成長。教會並不排斥罪人，並不拒絕失敗的人，而是把他們帶到耶穌的道路上，跟隨耶穌，從耶穌那裏得到接納、寬恕、醫治，在這裏他們可以窺見生命的新的可能性。但是，教會必須明白到，她同時需要放棄那種生命即時改變的魔法思想，必須放棄「一次改變永遠改變」的看法，而容讓青少年（以及成年人）有跌倒、背叛、離棄的情況出現。教會的門應該永遠打開，信徒的生命應該永遠打開，像浪子的比喻中的父親，總是張開雙手要迎接浪子回家。這其實就是天父的作為，總要不離不棄。這其實是青少年工作的代價。在耶穌的十字架道路上服事青少年，絕對沒有速成的方法，也沒有魔法。

（7）如果教會因著信仰的緣故而要對青少年不離不棄，那麼教會又是否同時向社會傳遞同樣的信息，要求社會給予青少年不斷成長的機會呢？或至少較現在當下社會提供更多的機會呢？這無疑也是衝擊社會的價值觀，如過度的個人主義，過分強調市場機制的調節，卻忽略某程度的扶助與充權。

教會的青少年事工在這裏不能只講青少年事工，而必須涉及社會的各種跟青少年成長有關的政策及制度，包括政治、經濟、教育、福利等等。

如果我們的主耶穌的故事不單只是祂自己的故事，並且也是所有人應該活出的故事；如果我們的主耶穌的道路，不單是祂自己的道路，並且也是所有人應該走上的道路，那麼，除了教會應該活出耶穌那種接納、寬恕、恩典的生命，我們的社會也應該如此活出接納、寬恕、恩典的生命。讓我們的青少年不單在教會中看見希望、看見人生新的可能性，也可以在社會中看見希望、看見人生新的可能性。

（8）但接納、寬恕、賜予恩典本身並非一種不需悔改、回轉、活出感恩的要求。沒有悔改，如何領受寬恕？沒有回轉，如何可以被接納？沒有感恩，如何明白恩典？這一切都是涉及雙方面的，「接納」、「寬恕」、「恩典」這些字眼都是關係性的字眼，必然涉及生命的轉化和更新。生命若沒有被觸動，被改變，那他就是沒有真正體會接納、寬恕和恩典，那他仍然只是依然固我。在這種情況下，他的生命仍然未體會甚麼是新的可能，甚麼是不一樣的將來，因為他依然活在舊的自我之中，他依然是受舊的狀況所束縛。在這種情況下，只能繼續去愛、去接納，去賜予機會。我們沒有別的捷徑。

（9）可能性其實同時涉及空間，涉及關係。

上述所講的恩典的給予、接納、寬恕等等，都是屬於空間的。正因為這個空間並非自閉的空間，而是敞開的，因此這空間收納不同的人，容讓不同的人在這空間中找到他自己，建立他自己。

耶穌接納不同的人跟隨祂，並與不同的人相交，顯明祂的生命是敞開的而非封閉的。當然，耶穌並沒有因為他的生命的敞開而失去自我，反之，他敞開的生命正是醫治眾生的一個拯救的空間。

在這個拯救的空間之中，耶穌也沒有採取魔法。（耶穌不是經常行神蹟，甚至有些時候拒絕行神蹟。）他也沒有透過甚麼方式叫人有難以忘懷的屬靈經歷 / 感受。他只是宣講，叫人悔改、回轉。他也沒有高舉猶太人當中成功的人物作榜樣，他沒有教人如何可以踏上青雲路、名利雙收。他甚至叫人變賣財產，賙濟窮人，與人分享。

（10）其實，空間的可能性是使時間的可能性得以可能的。

耶穌的道路不單只是時間上的道路，也是空間上的道路；在這條道路上，我們容讓、邀請所有人一起參與。

（11）然而，這條道路也是受苦的道路。很簡單，因為不是所有人都願意走上這條道路，有些人會迫害、壓迫走這條道路的人。也就是說，其他人所走的道路，會排斥走這條道路的人。又或者即使我們不是走在耶穌的道路之上，但我們可能會因為自己的先天和後天限制而成為失敗者，我們同樣會被排斥、否定，成功的人會以為我們無用。

無論如何，因失敗而來的迫害，因走上耶穌的道路而來的迫害，看來是不容易避免的。問題是，我們怎樣對待失敗？我們可以怎樣教導我們的青少年如何面對困局、絕望？

忍耐、不放棄、堅持、信心、盼望等美德，正是我們走這條道路所需要的操練。我們可以做甚麼呢？一方面我們只能自己活出這些美德，另一方面我們也只能繼續講述我們的主耶穌，他的道路正是這樣的道路，正是這樣的一條受苦的道路。我們若走上這條道路，就只有主耶穌可以安慰我們，加力給我們繼續走人生的這條道路。而忍耐、不放棄、堅持、信心、盼望等美德，不正是耶穌基督的故事所傳講的嗎？

我們還有別的選擇嗎？

（12）在這條道路上，我們要講的是怎樣的故事？我們要活出的又是怎樣的故事？昔日保羅說過，他只傳被釘十字架的基督（哥林多前書），這是福音故事的焦點，我們所講的一切故事，哪怕是上帝或耶穌自己的故事，都不能離開十字架。同樣地，我們活出的也應該是這樣的故事，有分於耶穌自己十字架的故事。因為這是我們的身分，是我們曾經經歷的，也是當下所經歷的，以及將來要經歷的。

（13）這是一條邊緣的道路。這裏有雙重的意思。基督的故事在當代的世界之中是邊緣的，他所接觸的人羣首先也是活在世界邊緣上的。他在邊緣的道路上接觸生活在邊緣上的人羣。我們也走在這條邊緣的道路上，因為我們被耶穌的十字架故事擁抱，我們被十字架的邊緣故事所擁抱並且要被這十字架的邊緣故事所轉化。擁抱並非收編，轉化也不是收編；擁抱是接納、給予新的可能，轉化是讓被拒絕的生命得到醫治，傷害他人的人承認錯失又得到寬恕，並且被塑造成真正的人。然而，擁抱和轉化都是邊緣路上的信仰實踐，因為這不是按照這世界的標準，也不是根據這世界的時間表。

（14）因此，我們在青少年當中可以傳講又活出的，只是耶穌基督那邊緣而非主流的故事，當中有的只是耶穌基督無條件的擁抱和轉化的塑造，以及我們跟隨基督所活出的生命。我們在青少年當中，沒有別的故事傳講，也沒有別的故事可以活出，除了這個基督邊緣的故事。而這個基督邊緣的故事，可以幫助青少年的，只是讓他們體會、肯定恩典和寬恕的、體諒和接納的、轉化和塑造的生命。基督邊緣的故事，並不會把世界認為失敗的生命轉變為成功的，也不會高舉世界的成功去讓青少年追逐。基督邊緣的故事，只傳講又活出在十字架道路上的擁抱與轉化，並仰望復活日子的到來。

後現代主義對教會青少年事工的啟迪

一、引言

對於後現代主義，華人教會並沒有深入地研究過；對德里達（Jacques Derrida, 1930～2004）、李奧塔（Jean-Francois Lyotard, 1925～1998）和福柯（Michel Foucault, 1926～1984）等代表人物的思想，我們鮮有仔細閱讀尋求了解，很快就遽下判斷，予以否定。筆者向來並不贊成這種做學問的方法，因此這篇文章自然不會也不敢胡侃一番，隨便就後現代主義講一些沒有學理根據的介紹。然而，筆者也沒有意圖在這裏進行純學術的分析，仔細討論德里達、李奧塔、福柯等人的文本，而只是借用美國改革宗神學家史密斯（James K. A. Smith）的淺易著作《與後現代大師一同上教會》（*Who's Afraid of Postmodernism? Taking Derrida, Lyotard, and Foucault to Church*；陳永財譯〔香港：基道出版社，2007〕），以突顯後現代的三個值得深思的觀點，並由此來進一步探討其對青少年事工有甚麼啟迪。因此，我在這裏所鋪陳的場景乃是後現代思想的場景，而不是後現代社會、文化、政治、經濟等現實場景。筆者並不否認這兩者之間的關係，可是以為思想與現實是直接關聯起來的，則不免忽略了箇中的複雜性與扭曲性與異化性。我自己很早就提出必須就這兩種後現代作出分別，不宜把兩者混同起來，更要避免以現實的後現代的劣質來批判、否定思想上的後現代。

二、文本以外無一物？德里達與教會對聖經的教導

德里達有一備受誤解的著名講法：「文本以外無一物」（there is nothing outside of the text）。許多人都誤以為德里達高舉語言唯心論（linguistic idealism），但他卻清楚表明他並不接納這一看法，他反對「語言之外沒有任何事物」的這一看法。那麼，「文本以外無一物」究竟其意思是甚麼呢？其實十分簡單，文本其實並不單單指文字的文本（written text），只是文字的文本較能顯示脈絡性（textuality）。任何詞語的意義都是在其文脈（context）中浮現出來的，任何事物的意義都是在其處境（context）中生起的，這樣一來，一切事物都不可能脫離其文脈與處境而成其自己，於是乃有「文本以外無一物」的講法。一切均是文本。一切東西，無論是詞語或事物，都是不離其自身的文本的。於是，一切東

西，無論是詞語或事物，其本身都不是透明的，其意義都不是不證自明的，這只是笛卡兒（René Descartes）以來的西方哲學的神話。因此，德里達提出「文本以外無一物」，最終是要表明一切都落在解釋之中而不可免，一切都落在文本之中而被解釋。

另一方面，解釋活動本身也有其自身的處境，所以德里達又說：「處境以外無一物」（there is nothing outside context）。我們是身處於某一羣體之中來解釋某一文本的，這羣體成了決定這文本其意義的處境，這羣體自身又處身於一更為闊大的羣體脈絡之中。這是進一步說，一切解釋及其活動都是落在文本之中的，因為解釋的羣體乃是被解釋的文本的文本 / 處境，而前者又不免處於另一處境 / 文本之中。

德里達這些思想對我們基督信仰有甚麼意義？對教會的青少年事工有何啟迪？

首先，一切都是解釋，因為一切都是文本。我們可能會擔心：真理何在？還有客觀的真理嗎？但問題是，這世界存在沒有解釋的真理嗎？科學也是一種對世界的解釋，福音書難道不也是對耶穌基督的解釋嗎？事實上整部聖經就是解釋。甚至路加福音在末尾記載了耶穌自己對聖經的解釋。因此，問題不在於解釋，而在於如何解釋？在哪一種處境 / 文本底下解釋？即，我們首先要問的是：哪一個羣體在解釋？

在這裏，德里達對我們的意義，是顯明教會解釋聖經的重要性。首先，聖經不是自明的，而是需要解釋的。其次，解釋聖經不是隨便的，而是需要在某一個信仰羣體之中來進行的。第三，我們是透過解釋聖經文本來閱讀世界的，即把世界置於聖經的脈絡來了解。這是實踐宗教改革時期的精神：回到聖經去。我們可以進一步說，聖經文本以外無一物。讓我們從最後一點說起。

從最後一點說起，是要思考今日教會的青少年事工究竟對聖經教導有多重視呢？青少年的世界觀尚未完全成形，可塑性甚高，但我們拿甚麼去塑造他們呢？從另一個角度來問，我們怎樣教導青少年去閱讀和解釋他們生活的世界，以及自己的生命及所遭遇的一切呢？這個問題的重要性在於，青少年的生命總在被塑造之中，只在於是以甚麼來塑造？被塑造成怎樣的模樣？因此，我們必須反省，今日教會的青少年事工究竟對聖經的教導有多重視呢？這個問題的答案可以從青少年事工訓練課程中略窺一二。我們的教會在聘請青少年事工的傳道牧者，首先關心的，會是這位同工所受的聖經研究的訓練嗎？抑或其他？如懂得青少年心理、帶組技巧，懂籃球、歷奇？或是，只要能跟青少年一起生活就可以了？哪一樣更重要呢？哪一樣是必要的但不是充足的條件呢？哪一樣才是不可或缺的充足條件呢？沒有聖經教導的青少年事工，算不上教會的青少年事工。我們必須讓青少年學習怎樣從聖經去了解世界和自己，要不然，這個世界就會教導他們按著世界的方式去認識世界和自己。如果我們教會的青少年事工忽略了這一環節，那麼我們就沒有盡上教會的責任了，把塑造青少年的世界觀的使命拱手相讓予這個世界了。

強調教導聖經的重要性，同時是表示聖經不是自明的，沒有人解釋，誰能明白呢？教會不能只鼓勵信徒讀經，教會也同時需要教導聖經，以致信徒是在教會的教導底下來讀聖經的。成人信徒如此，青少年人更是如此。為甚麼要強調教會的教導呢？這是因為聖經的解釋不能隨己意發揮、望文生義，或是任意援引世界的其他思想和意識形態來予以分解。聖經若是教會這個信仰羣體的文本，那它就要在這個信仰羣體之中來解釋。這樣說並不是把某種預先設定對聖經經文的解釋單向地灌輸給信徒，包括青少年，而毋寧是提供解釋聖經的規矩和前設。信仰羣體有自己解釋聖經的規矩和前設，這是保障對聖經的解釋不會落入異端的解釋之中。早期教父在分辨異端與正見之中，就是訴諸於解釋聖經的前設：信仰規條（rules of faith）。青少年人創意奇高，但在解釋聖經時要引導他們按著教會解釋聖經的規矩和前設來運用他們的想像力。容讓我在這裏指出，這些規矩和前設，其實只是劃出一個界限，而不是絕對規限經文只有一個特定的意思，我們要做的，是在這個劃出的界限來決定可能的意思。這也就是說，在界限所形成的空間中作出創意的想像。

最後，我要指出，信仰羣體也不是一時一地的，而同時是古往今來的，意思是，當下的教會也是身處於一種信仰脈絡之中，這正是「聖徒相通」的意思。當下的教會對聖經的了解，以致繼續教導聖經，是承繼往昔教會對聖經的了解和教導的，雖然是批判地繼承，因此，非傳統是不可能的，不必要的。今日的青少年事工或多或少都在自絕於教會的傳統，最常見的莫如編排青少年的崇拜時，不要經課講道，不要傳統禮儀，這大概是教會沒有好好教導經課與禮儀的賬單。話得說回來，在今天愈來愈多摒棄系統整全地教導聖經的情況下，經課講道是最好的方法，以彌補對耶穌基督缺乏全面的認識這缺口。因為經課講道以基督的生平為中心，於三年中全面宣講整本聖經，所以沒有可能只講自己喜歡的，以致形成在宣講中私人的「經中之經」、「正典中的正典」這一不健康、偏狹的現象。此時此地的教會，若果自絕於二千年來的教會，那麼，我們的教導就會落入另外一些處境和脈絡之中，如資本主義、消費主義、享樂主義。我們教會的青少年事工，是否正在滑向這樣的一種境況之中，我們是在一種怎樣的處境和脈絡中來實踐青少年的事工呢？這恐怕是我們必須反省思想的。

三、否定一切宏大敘事？李奧塔與聖經中上帝的故事

如果德里達對我們的啟迪是教導聖經，那麼李奧塔就進一步觸發我們去思考應該教導聖經中上帝的敘事。這話怎樣說？任何人都知道，李奧塔認為後現代就是對宏大敘事（*grand reçits*, big stories, metanarratives）抱不置信態度。然而，我們不要以為李奧塔是反對一切講述世界起源與終局的故事。這是許多人的誤解。事實上，李奧塔真正反對的是那些宣稱可以透過普遍理性而證明自己這個故事所講述的是成立的。因此，焦點不在宏大敘事，而在於這個宏大敘事認為

普遍的、科學的理性能夠使之合法化。是以，現代理性主義、科學自然主義、社會生物學所講的科學故事，全都是宏大敍事，因為它們都宣稱自己可以單獨由理性所證立。

在這裏，我們就有兩種敍事，一種是宣告可以由普遍的、科學的理性所證立，另一種則只是宣講，要求的是信心的回應。如果後者方才是真正的敍事，那麼前者就是科學了。敍事與科學是互相對立的，因為敍事並不會嘗試去證明自己的宣稱，而只會在故事中宣講自己的看法。再進一步來說，敍事的知識是根植於文化之中的，因此不需要證成，它本身是生活世界的東西，是屬於第一序的，自身就有權威，人在這裏不是去證明敍事是真理，而是去活出敍事所講的。相對來說，科學並不是第一序的，它是從敍事的生活世界衍生出來的，可是現在卻倒過來殖民化敍事的世界，要求敍事按照科學的普遍理性來證立它自己。這就是李奧塔所言的訴諸特殊的語言遊戲之外的合法判準以保證普遍真理的成立。但事實上，這些以理性為判準的科學知識，也不過是建基於某種敍事——即起源神話——之上。

正因為科學知識也不過是建基於神話敍事之上，所以它也是宏大敍事的一種，不過它這個神話敍事卻是一個被解釋為追求理性真理的神話。這個神話——夾纏著知識追求的神話——可追溯至柏拉圖（Plato）的洞穴比喻：人要走出黑暗或離開只有事物影子的洞穴，直面那造成影子的光源：太陽。柏拉圖追求合法的知識，但他只能訴諸比喻（allegory）；同樣地，科學知識也只能回到敍事來合法化自己，以神話敘事來合法化理性的運用。最終，每一位科學家，都是信徒。

李奧塔這樣的見解對教會的青少年事工有甚麼意義呢？十分清楚，如果一切的知識其基礎最終都不過是敘事而非理性，那麼，我們其實是不需要那種古典或證據式的護教學的，向青少年傳講福音不必要從理性對上帝存在作出證明或把聖經所講述的合理化方才可能。我們並不需要為信仰道歉，我們只需要宣講福音故事。在這裏，我們更要進一步指出，信仰羣體必須教導我們的下一代、我們的青少年，對啟蒙時代以來那種以理性為真理之最終判準的態度作出批判。我們必須引導我們的青少年認識自啟蒙時代以來，社會以理性為公共領域的判準，結果是把信仰私人化，並使之從公共領域中被排擠出去。但究其實，李奧塔讓我們明白，啟蒙運動這種對公共領域的看法，也不過是建基於某一種神話或敘事而已，本身並非那麼純粹或中性的，因為根本沒有純粹或中性的公共領域。在當代社會之中，這種教導必然是反叛的、顛覆的。但基督信仰豈不是信靠先於理性的嗎？甚麼時候我們的信仰需要接受普遍、公共的理性的檢驗和批准呢？若我們忽略這種教導，則無疑是忽略了信仰的首出特性：信靠，而非理性，也給予機會讓社會所倡議的理性塑造我們的青少年。

從正面來說，教會的教導並非命題或事實的組合，不是李奧塔所批評的「電腦化」/ 併湊式的知識（“computerization” of knowledge），而是上帝的故事——從創世記到啟示錄所講述的故事。因此，教會的教導就不是證明、確立，而是宣講、敘述。基督信仰的基本性格乃是敘事的，因此，教會的教導首先也是敘事的，然後方才是了解，並運用我們的想像與理性去發掘故事的意義。向青少年教導聖經，講述當中的故事，並非只是針對他們喜歡聆聽故事的特性，而是因為我們的信仰並非由命題與概念組成的，卻是由上帝在世界歷史中的作為、事件所構成的，而這一切就只有以敘事的方式來宣講方才恰當。

如此一來，教會不單在宣講與見證中以敘事的方式來進行，我們的崇拜與生命塑造，也是一樣。今天，我們已經發現崇拜不能充斥抽象的概念與道德教訓，開始著重故事的講述，可是，我們卻忽略了崇拜不是隨便講故事，不是甚麼故事也可以在講台上講述。我們會以為為了讓聽眾有共鳴，所以我們首先需要聆聽會眾的故事，以會眾的故事來決定上帝的故事應該是怎麼模樣。我們特別認為青少年崇拜更是如此，要塑造青少年的生命更應從他們的生命故事出發。我在這裏無意否定聆聽會眾及青少年的生命故事的重要性，但我們似乎忽略了如何聆聽、怎樣解讀他們的故事這一重要問題。在上一節我們指出沒有透明的語言，因此也沒有透明的故事。我們怎樣解釋會眾及青少年的故事呢？從這個世界的價值觀、世界觀、意識形態出發？抑或把他們的故事置於上帝的創造、拯救和更新的故事來解讀呢？也讓會眾把自己的故事置於上帝的故事之中來閱讀呢？崇拜，其實就是重新展示、再現福音的敘事，這在經課講道尤其如此設計，以福音故事為中心串連相關的舊約場景和書信場景。透過這樣的再現，我們在當中找到自己的角色、位置，我們重新了解自己、重新與上帝立約、重新認罪悔改、追隨基督。因此，崇拜乃是在敍述上帝的故事中讓我們再一次與上帝相遇，而不是客觀抽離地吸收有關上帝的知識。崇拜中的敍事同時引發生命轉化的實踐。

在這裏，我們不會把傳福音與培育打成兩橛。真正的崇拜同時是邀請外來者聆聽福音的故事並同時提供渠道塑造耶穌基督的門徒，這在青少年的事工中尤其重要。我們無須把青少年分為尋道者與已信者。我們無須設計兩種不同目的的活動，一種是吸引未信者，另一種是培育信徒。相反，一個崇拜就已經足夠，只要在崇拜中它忠實地講述福音的故事而非城中名人的成功故事，不是只在推廣宣傳教會的事工發展，更不是以缺乏內涵但卻煽動人的情緒的歌唱與故事打動人心。對青少年人，我們無須投其所好；我們所要做的，只是忠誠地傳講上帝的故事，又活出我們在上帝面前的故事。教會、信仰羣體的使命和實踐，就是如此。

四、權力 / 知識 / 規訓？福柯與門徒生命的操練

福柯的著名公理是：「權力就是知識。」但許多人都誤解了這公理，以為福柯倡議權力等同知識。事實上，他要強調的是，知識與權力有著密切的關係，彼此不可分割，這也就是說，知識不是中性的，沒有中性的知識，因此我們不能以中性作為知識的判準。一切知識都涉及權力，一切知

識都在權力的網絡中構成，這網絡是多重的，包括社會、政治、經濟等。有權力就有知識，有知識就有權力，它們是彼此蘊涵的，所以福柯常說「權力—知識關係」或「權力 / 知識網絡」。福柯運用系譜學（genealogy）或考古學（archaeology）來研究知識歷史，不外是要揭示一切被稱為真理的，都不過是把偏見遮掩、壓抑下去，一切被稱為客觀的真理都不過是權力的面紗。福柯的公理並非他自己無中生有的，而是在對歷史具體的建制和看法作出分析後而得出來的——如醫院和監獄、瘋狂的意念和性的歷史。

譬如說，在研究監獄的作品《規訓與懲罰》（*Discipline and Punish*）之中，福柯關心的是現代社會已經變成了「規訓的社會」（disciplinary society），最終目的是創造個體。以甚麼方式來創造呢？就是以一種稱為規訓的權力技術（technology of power）來完成。現代社會以其自己的形象，藉著權力的規訓，來創造眾多的個體。現代社會的改變其實並非進步，只不過是在不同的宰制模式中轉變而已。福柯直接指出：「事實上，權力生產；它生產實在（reality）。」即是說，權力不單負面地排斥、壓抑，也正面地創造、生產，而後者就是透過規訓的方式來進行的，但兩者均是控制的途徑。在我們現在的情況中，規訓的社會要把眾多的個體規訓成怎樣的人呢？一言以蔽之，馴良、具生產性的消費者，他們順服國家的帶領。整個社會就是一個監獄，以監控、規訓為其特性。簡單來說，現代社會之中規訓無所不在。

值得注意的是，規訓在現代社會中透過三種特殊的社會制度來完成：隔離、強迫勞動 / 工作、治療。隔離就是要求犯事者單獨地面對自己、質詢自己，這是一種道德的規訓。勞動、工作為要創造適合資本主義社會的工作主體——小資產階級，他們要被改造以滿足生產機器的要求，這是一種經濟的規訓。治療是把不正常的改變成正常的，這是一種醫療的規訓。這些規訓不僅僅剝奪自由，且更是對犯事者的強制性「增補」，把社會的結構和規訓強加於犯事者身上。因此，我們看到規訓權力的實踐乃在於達至正常化（normalization），結果就是把個體與個體之間最小的質的差異都取消掉，福柯指出這不啻是取消了「最小的不正常」（the "least irregularity"）和「最大的罪行」（the "greatest crime"）之間的差別，而追求絕對的齊一。福柯關心的，就是現代社會這種實踐正常化、齊一化的規訓權力。

那麼，福柯如何評價判斷這些實踐？對福柯的其中一種解釋，就是以之為啟蒙的福柯。因為福柯自己曾經表明他是在由康德、馬克思（Karl Marx）到法蘭克福學派（Frankfurt School）的批判理論的傳統中工作的。他追求反建制的自由，要脫離一切政治、傳統、宗教等建制的束縛，這是啟蒙運動所追求的最根本的自由。然而，基督信仰又如何呢？一方面，我們可以認同福柯對現代社會那種強加於個體身上的規訓式塑造的分析，並且予以批判，但另一方面卻又不必完全否定一切的規訓與塑造。換句話說，我們可以從正面了解規訓，我們不必像啟蒙運動的古典自由主義那樣來反對規訓與塑造，反之，我們卻同時需要細心反思其所倡議的自主主體，這一個拒絕任何形式控制的自主主體。

下面我們要進一步思想上面所講的對教會及其青少年事工的意義。在這裏首先要討論的是自由的問題，這在今天尤其重要，因為面對社會種種規訓，具有反叛傾向的青少年會特別追求免於受制的自由，可是他們卻不一定能完全擺脱現代資本主義社會那種潛移默化的形塑，特別是把他們塑造成商品的消費者。因此，問題不在於規訓，而在於在規訓底下被操練成怎麼的樣式？是效法這個世界（羅十二2）、隨從自己的私慾（彼前一14），還是作耶穌基督的門徒，效法基督？答案是明顯的。保羅説得分明：「因為他預先所知道的人，就預先定下效法他兒子的模樣，使他兒子在許多弟兄中作長子。」（羅八29）所以基督信仰並不贊同啟蒙運動的自由觀，那是一種強調自主的自由觀，高抬的是自我，認為自我是絕對自由的。無疑，基督的信仰要求我們不要效法世界、追隨自己的情慾，但卻並非拒絕另類的效法和追隨，那就是以基督為榜樣，在祂裏面轉化和更新我們的生命，使我們符合基督的形象。那麼，效法和追隨基督這種規訓，跟福柯所批評的規訓又有何分別？兩者之間只能從目的或成果來予以分別。基督教的屬靈操練和形塑是好的，因為那是讓人成為人，可以榮耀上帝、享受上帝。相反，現代社會的種種規訓，都不過是非人化的，把人片面化、平面化，扭曲而成工作動物、經濟動物、性動物、消費動物。所以，我們可以同意福柯對現代社會規訓權力的批判，但卻並不由此而高舉啟蒙運動的自我觀。基督信仰所講述和實踐的規訓，是使人成為人而非否定人。

這樣一來，我們就不必迴避在教會裏對青少年人進行基督教式的操練與形塑。我們必須明白教會若不以基督的信仰在基督裏藉聖靈塑造青少年人，他們就會被這個消費文化的世界所塑造。消費文化透過種種媒體來挑起及創造種種慾望，然後應許以不同的產品來滿足這些慾望。在這個過程中，消費者就被當中所傳遞的價值觀所內化而成為他生命的一部分。教會的青少年工作者必須明白和了解我們文化中這種潛移默化的規訓形塑過程，而與之抗衡。教會絕對不能投其所好，任由青少年自生自長，事實上，這只是把塑造青少年的工作交給了現代資本主義的消費文化代勞而已。我們不單要確認基督信仰對人成為人有極其不同的看法，並在信仰羣體中把它實踐出來，更要教導青少年明白自己是活在這樣一個扭曲人性的社會文化之中，並使他們從這些文化中分別出來，又曉得作出批判。

教會應針對消費文化的問題而為青少年提供對應的操練，包括簡樸生活、禁食、學習獨處、退修等，不單操練靈性，也操練身體，讓整個人都被上帝的話語所帶領、更新和轉化，作基督的門徒。他們也要學習彼此服事，包括互相洗腳、認罪悔改，讓他們體會自己並非自主自由的，而是需要外來的恩典的拯救的，明白自己的生命並不是必然的，因此而能常懷感恩的心去生活，並且願意分享自己所擁有的，因為我們有哪一樣不是出於上帝的供應呢？我們的青少年事工決不能因為青少年喜愛玩樂、沉迷消費，就放棄操練他們，在此消彼長的情況下，我們的教會會愈來愈缺乏能力去抗衡社會文化的入侵，最後教會不成教會，只淪為消費社會的附庸。教會沒有獨特的生命，怎能吸引人呢？或許獨特的生命所吸引的只是少數，然而，誰說教會必然是多數的呢？誰能進窄門呢？豈不是那些追隨和效法基督的人嗎？青少年的生命尚未定形，教會是否願意操練他們、塑造他們，使他們成為基督的門徒呢？抑或為了討好他們，免得他們流失、對教會反感，倒不如任其自然、等他們自己情願？我們現在教會的青少年事工，充滿許多活動，然而，在操練他們生命的事情上，我們花了多少資源，我們投上了甚麼心思，我們表明了哪些要求？再者，我們教會的青少年工作者，我們都懂操練嗎？我們都能作生命的師傅嗎？我們自己會過簡樸生活嗎？有禁食、獨處、退修嗎？我們會彼此認罪、互相服事嗎？恐怕這是我們應當細想的。

五、結論

後現代哲學思想對教會的事工，特別是對青少年事工來說，不一定如某些人所講的那麼具有破壞力，或許我們不能忽略劣質且被冠以後現代名號的後現代文化實況，或許更準確來說，這些劣質的後現代文化實況，不過是晚期資本主義的極端發展。從以上的分析，我們會發現後現代哲學思想正好反對且批判這些劣質的後現代文化實況，並且有助我們去深入反省教會的事工。以為離開深入根本的反省，而只談種種策略及技巧，對教會的青少年事工（以及一切事工）的討論，均將是不到位的。如果我們不能確定基督信仰的根本所在，也就不能以此為基礎來講實踐的方向，而一切的策略及技巧都將是盲目的。後現代的哲學思想，其實幫助我們重新回到聖經的文本去，重新講述上帝在以色列人中間的故事、耶穌基督在巴勒斯坦地的事迹，重新拾回教會古老但常新的屬靈操練。基督的教會效法的並不是這個世界，而是我們的主耶穌基督。但誰是主耶穌呢？因此我們的青少年要閱讀聖經，但不只是他們自己閱讀，而是在教會的教導底下，去閱讀上帝在歷史中的作為。他們在閱讀聖經中被呼召、孕育、轉化成為門徒，他們在教會的信仰生活中被操練、塑造自己的品格，好能抗衡晚期資本主義劣質的後現代文化實況。而問題是，我們的教會準備好了沒有？我們的信徒的生命準備好了沒有？請勿奢談策略及技巧，如果我們教會的生活和生命沒有準備好，這一切都只會是沙土上的空談。我們準備好了沒有呢？

文章原出處

香港文化與青少年牧養（初稿講於突破機構於二〇〇五年四月十四日舉辦「教會青少年導師培育」計劃中的基本理論課程）
後現代主義對教會青少年事工的啟迪（原刊於《生不盡．火在燒——FES 與學生福音運動（1957～2007）》（香港：學生福音團契出版社，2007），頁153～160，講於二〇〇七年三月十八日 FES 五十週年活動：青少年事工研討會）

延伸閱讀

要了解文化，才能牧養。消費文化、性文化、網上文化，不一而足，都影響青少年成長。只有參看專家學者的研究，才能幫助我們牧養年青的一代。巴塞洛繆（Craig Bartholomew）等編：《基督徒看消費主義》（*Christ and Consumerism: Critical Reflections on the Spirit of Our Age*；陳永財譯〔香港：基道出版社，2005〕）；唐慕華：《真情真性——性偶像文化的批判》（陳永財譯〔香港：學生福音團契出版社，2005〕）；古德格（Douglas Groothuis）：《心靈在線——現代人於網際空間的信仰省思》（*The Soul in Cyberspace*；羅燕明譯〔香港：基道出版社，2005〕），都是從基督信仰作出獨到分析的作品。他山之石，可以攻錯；見不賢，內自省。人家美國教會早已開始反省自己青少年事工的失敗，為何愈來愈多第二代第三代的青少年基督徒疏離教會？人家的經驗之談，又有數據，不可不看：湯姆．雷爾（Thom S. Rainer）及薩姆．雷爾（Sam S. Rainer III）：《不可或缺的教會——重獲流失的一代》（*Essential Church? Reclaiming a Generation of Dropouts*；陳永財譯〔香港：基道出版社，2009〕）。

虧欠

一九九七年七月，我從中國神學研究院轉到信義宗神學院任教，剛好一年。轉折是人生常有的事，然而，重大的轉折卻不一定常有，否則人很難承受。二〇〇三年一月，我離開了信義宗神學院，來到自己所屬宗派的神學院——香港浸信會神學院，至今（二〇〇七年）已是四年多了。我盼望餘下的日子可以安頓下來，心靈和肉身都不再需要四處流盪。可是，主觀的意願誰能保證作準呢？正如我們這一代二十世紀九十年代海外學成歸來的神學人，誰能逆料經過好些年後今天自身的境況？

事實上我們都各自處身不同的建制中，在客觀環境各異的情況底下嘗試履行不同的神學使命，如特雷西（David Tracy）所講的神學三重責任：教會的、學術圈子的、社會的。如果我們嚴肅地檢視我們這輩神學人從一九九七到二〇〇七這十年的成績，恐怕雖未至不事生產，但也只能說差強人意。

就從量上說起吧。撇開博士論文不算，如果這十年來，每年都用心去寫一篇至兩篇的學術論文——對，是嚴肅的學術論文而不是別的，這可是我輩神學人受訓而為的責任，誰可替代呢？——那麼，十年一本像樣的著作並非甚麼難事。我在這裏為那些不斷研究寫作但只屬少數的同輩鼓掌，盼望我們都以他們為榜樣。

另一方面，我們的問題意識又如何？我的意思是，我們是否拿捏得準確，教會的問題在哪裏？學術圈子的問題在哪裏？社會的問題在哪裏？抑或日子久了，變得隨波逐流，只跟大勢？還是無欲無求，早就已經但求教書，不作研究？大概還有其他種種客觀和主觀的原因，叫我們更多時候，沒有實踐特雷西標示的神學三重責任。

我自己在神學院事奉，主要的神學責任是講解、研究信仰羣體的信仰和教義，並以此來檢視今天教會的宣講和實踐，是否合乎道統。這是宗教改革以來對神學責任的一種規定。可是，九七前的十年和九七後的十年，香港華人教會亂象紛呈，蜂湧的移民棄守、世俗思想的同化、偏激的靈恩實踐⋯⋯在在都顯示，我們並不曉得我們所信的是甚麼。是的，我要說的，我們的教會，已經不曉得我們所信的是甚麼。（或者說，我們的教會只相信自保、成功，而非軟弱的、愚拙的耶穌基督。）跟著的問題是，我們這些為教會而講解、研究信仰羣體的信仰和教導的神學人，這十年裏面，所意識的教會問題是甚麼呢？抑或根本沒有認真地思考過？

十年下來，我們這一輩的神學人，如果是在神學院事奉的，那麼，我們為教會對信仰道統的繼承與實踐，究竟做了一些甚麼呢？我們只是不斷滿足教會的感覺需要（felt need）而疲於奔命，還是甘於寂寞，敢於指出教會所當持守與實踐的信仰道統呢？我們所讀的聖經——上帝的話語，我們明白嗎？我們所信的三一上帝，我們明白祂與我們何干嗎？十年下來這恐怕是我們這一輩神學人對所屬的信仰羣體所欠下的債項。

我們這輩的神學人，若非五十開外，就都接近五十。我們下一個十年該怎樣走下去呢？走在自己心意的路上？還是走在上帝心意的路上？走上掌聲雷動的舞台？還是走進靜默無聲的密室？此後十年，我們的道路，會為償還之前對教會的虧欠而有所轉折嗎？

二〇〇七年五月五日

（原刊於《時代論壇》第1035期〔2007年6月28日〕）

後記

自然神論式的教會論？

我們都被逼在沒有知識的情況下做決定。

齊澤克（Slavoj Žižek）[1]

這本文集裏所收的文章，連代序代跋共二十篇，大體上標誌著筆者過去十年左右神學關心的一種走向。當然，這種走向仍然是內在於神學之中而發生的，或者說，這種走向乃生發於神學自身的。如果我們所了解的神學，是上帝在基督裏透過聖靈對受造世界施予恩典的經世活動，那麼，由此經世活動所創生的信仰羣體——教會，其本性與職事，豈不是應當為神學所規定嗎？

今日許多為教會出謀獻策的著作，除了挪用坊間其他學問手法之餘，恐怕最普遍的就是抽離神學來討論，彷彿三一上帝創生了信仰羣體，就撒手不管，任由其按著其自身之秩序規律來運轉。昔日有自然神論（Deism），相類似地，今日有自然神論式的教會論。任何一種教會論，若然抽離了三一上帝論、基督論及拯救論，而以為可以獨立發展，則所犯的偏差就是神學的失序，沒有專注及尊重神聖事物及實在的秩序。

就筆者自己的學術生涯來說，這本文集可算是遲來的成果。然而，在神學上這種遲來卻是必然的。就如信經的結構所顯示的，神聖事物及實在的秩序不能任意顛倒或抽離分解。筆者長時間研究莫特曼（Jürgen Moltmann）的終末式神學（eschatological theology）、潘霍華（Dietrich Bonhoeffer）的社羣神學（theology of sociality）和根頓（Colin E. Gunton）的三一式神學（trinitarian theology），這些神學的探討首先涉及的都是上帝論、基督論、拯救論。然後在這些充分開展出來的神聖秩序底下，方才探討和認識教會的本性和職事。

是以，這本文集所收的文章，就比例來說，以近年寫作的較多。這反映了筆者早年的學術用心不在教會論及相關的議題上。近年因為種種場合的不同邀請，無獨有偶都與教會課題相關，或宣講分享，或短篇長論，故有所彙集，而可分別歸類，都為一冊。這些文章雖然不是巨製，但能夠寫成，不能不得力於背後深廣涉獵的神學資源。厚積薄發，依然不假。何況要鞭辟入裏，更非厚實之神學知識與到位的神學識見不可。

這本小書雖然距離鞭辟入裏很遠，但是自信還是忠實於所相信的神聖事物及實在的秩序，而不嘩眾取寵，念茲在茲的，只在於生於聖道與聖靈的教會，是否也念茲在茲地歸回又活在三一上帝恩典的經世活動之中，認識自己的本性與應當踐行的事工，而避免落入「我們都被逼在沒有恰當的合宜的聖經／信仰／神學知識的情況下做決定」。感謝陳恩明牧師、蕭壽華牧師、盧龍光院長、何傑院長、梁家麟院長推介拙作。他們不同角度的切入，都讓筆者對自己寫成的文章，了解更多。曹偉彤院長的序言，顯出入微閱讀的工夫，以及透析深入的智慧。在此一併謝過。

最後，謹以此書記念我的教牧學老師萬崇仁牧師。他在筆者道學碩士畢業的那一年離世歸主，為主所愛的教會獻上了他的生命，無悔無怨。筆者忝為萬牧師的學生，畢業講道受其指導；他待人接物的真誠認真、不矯飾不造作，仍然清晰可見。一個人走過的路，總是隱藏著許多其他不同的足印，為此，我們當心存感激，也為此，筆者心存感激地記念我的教牧學老師——萬崇仁牧師。

初稿：二〇〇九年七月二十八日

定稿：二〇〇九年八月十一日

香港・西貢（北）・西澳

註釋

第二章　崇拜

始於三一上帝及終於三一上帝的崇拜

1. Paul F. Bradshaw, *The Search for the Origins of Christian Worship*, 2nd ed. (Oxford: OUP, 2002), 72. 亦參 Gordon S. Wakefield, *An Outline of Christian Worship* (Edinburgh: T & T Clark, 1998), chapter 1: The Origins of Christian Worship。
2. James F. White, *Introduction to Christian Worship*, 3rd ed. (Nashville: Abingdon, 2000）, 17.
3. White, Introduction to Christian Worship, 18～30.
4. 引自 White, *Introduction to Christian Worship*, 22。
5. 引自 White, *Introduction to Christian Worship*, 22～23。
6. White, *Introduction to Christian Worship*, 23.
7. 引自 White, *Introduction to Christian Worship*, 23。
8. 引自 White, *Introduction to Christian Worship*, 23。
9. White, *Introduction to Christian Worship*, 23.
10. David Peterson, *Engaging with God: A Biblical Theology of Worship*

(Downers Grove: IVP, 1992).

11. Peterson, *Engaging with God*, 284.
12. Peterson, *Engaging with God*, 284.
13. Peterson, *Engaging with God*, 285.
14. Peterson, *Engaging with God*, 285.
15. 「在靈和真理中」希臘文為 *en pneumati kai alētheia*。聖經引文為筆者自譯，亦參《中文標準譯本》。
16. 拙作〈糅合崇拜：歷史與當代、秩序與自由、現在與將來〉（亦載於本書，頁27～41）及〈崇拜（禮儀）〉（載《聖經通識手冊》，羅慶才、黃錫木主編〔香港：基道出版社，2004〕，頁492～493）只重視人對上帝的崇拜乃回應的舉動，卻忽略了這回應的舉動並非人本身生發出來的，而應是崇拜者「在聖靈和基督裏」向父的崇拜。
17. Alan J. Torrance, *Persons in Communion: Trinitarian Description and Human Participation* (Edinburgh: T & T Clark, 1996), 313. 粗體乃原文所強調的。
18. Torrance, *Persons in Communion*, 312.
19. Torrance, *Persons in Communion*, 311.
20. Torrance, *Persons in Communion*, 311, 轉引自 James B. Torrance, *Worship, Community and the Triune God of Grace* (Downers Grove: IVP, 1996), 15；另請參 chapter 2: The Sole Priesthood of Christ, the Mediator of Worship。
21. Torrance, *Persons in Communion*, 314.
22. Torrance, *Persons in Communion*, 314.
23. Peterson, *Engaging with God*, 97.
24. Peterson, *Engaging with God*, 98.
25. Peterson, *Engaging with God*, 98.
26. Peterson, *Engaging with God*, 99.
27. Peterson, *Engaging with God*, 99.
28. Peterson, *Engaging with God*, 99.

29. Peterson, *Engaging with God*, 99.
30. Tricia Gates Brown, *Spirit in the Writings of John* (London: T & T Clark, 2003）, 137. 布朗舉出的聖經學者包括布朗（Raymond Brown）、布特曼（Rudolf Bultmann）、舒納克勤堡（Rudolf Schnackenburg）、布蘭克（Josef Blank）、舒爾茲（Siegfried Schulz），以及白基（Gary M. Burge）。
31. Rudolf Schnakenburg, *The Gospel According to St. John*, vol.1 (New York: Crossroad, 1990), 439.
32. Barnabas Lindars, *The Gospel of John* (Grand Rapids: Eerdmans, 1981), 189. 連達斯認為這裏的對比不在於聖殿的崇拜形式和禮儀與教會的靈性崇拜（spiritual worship of the church）之間，而在於是否在耶穌基督裏崇拜。
33. Ernst Haenchen, *John 1: A Commentary on the Gospel of John, Chapters 1～6*, trans. Robert W. Funk (Philadelphia: Fortress, 1984), 223.「第四福音總是描述耶穌……為信〔仰〕所認識的對象，這信（只是）透過〔聖〕靈而使之成為可能的（參約十六12）……真正的崇拜者將在〔聖〕靈和真理中崇拜父。」
34. Peterson, *Engaging with God*, 100.
35. James Wm. McClendon, Jr., *Doctrine: Systematic Theology*, vol. 2 (Nashville: Abingdon, 1994), 374.
36. McClendon, Jr., *Doctrine*, 376.
37. McClendon, Jr., *Doctrine*, 376.
38. McClendon, Jr., *Doctrine*, 376.
39. McClendon, Jr., *Doctrine*, 376.
40. McClendon, Jr., *Doctrine*, 376.
41. McClendon, Jr., *Doctrine*, 376.
42. McClendon, Jr., *Doctrine*, 377.
43. McClendon, Jr., *Doctrine*, 374.
44. McClendon, Jr., *Doctrine*, 374.
45. McClendon, Jr., *Doctrine*, 374.

46. McClendon, Jr., *Doctrine*, 375.
47. McClendon, Jr., *Doctrine*, 375.
48. McClendon, Jr., *Doctrine*, 375.
49. McClendon, Jr., *Doctrine*, 375.
50. McClendon, Jr., *Doctrine*, 375.
51. McClendon, Jr., *Doctrine*, 375.
52. McClendon, Jr., *Doctrine*, 375～376.
53. Torrance, *Worship, Community and the Triune God of Grace*, 15.

浸禮、主餐與生命的轉化：麥乾頓的觀點

1. James Wm. McClendon, Jr., *Ethics: Systematic Theology*, vol. 1, rev. ed. (Nashville: Abingdon, 2002), 26～34.
2. McClendon, Jr., *Ethics*, 27～28.
3. McClendon, Jr., *Ethics*, 27.
4. McClendon, Jr., *Ethics*, 28.
5. McClendon, Jr., *Ethics*, 43.
6. James Wm. McClendon, Jr., *Doctrine: Systematic Theology*, vol. II (Nashville: Abingdon, 1994).
7. McClendon, Jr., *Doctrine*, 382. 要注意的是，麥乾頓把福音宣講亦視為回憶的記號，因為這是重述拯救故事的舉動。見頁382。
8. McClendon, Jr., *Doctrine*, 386.
9. McClendon, Jr., *Doctrine*, 382. 偉大的歷史記號指的是上帝在歷史中的作為。參頁381～382。
10. James W. McClendon, Jr.,“Baptist As a Performative Sign,”*Theology Today* 23:2 (1966): 403～414.
11. McClendon, Jr.,“Baptist As a Performative Sign,”406.
12. McClendon, Jr.,“Baptist As a Performative Sign,”410.
13. McClendon, Jr., *Doctrine*, 388.
14. McClendon, Jr., *Doctrine*, 400.
15. 楊玉成：《奧斯汀：語言現象學與哲學》（北京：商務印書館，

2002），頁65。

16. 楊玉成：《奧斯汀》，頁66。後來奧斯汀對此一區分作出修正，主要在於這兩種活動並非截然對立的，記述話語跟施事話語同樣都是實施某種行為。在聖經研究方面，布里格斯（Richard Briggs）即以言說行動理論（speech-act theory）來討論聖經解釋，見其著作：*Words in Action: Speech Act Theory and Biblical Interpretation: Towards a Hermeneutics of Self-Interpretation* (Edinburgh: T & T Clark, 2001)。
17. McClendon, Jr., "Baptist As a Performative Sign," 410.
18. McClendon, Jr., *Doctrine*, 389.
19. McClendon, Jr., "Baptist As a Performative Sign," 410.
20. McClendon, Jr., *Doctrine*, 389.
21. McClendon, Jr., "Baptist As a Performative Sign," 410～411.
22. McClendon, Jr., *Doctrine*, 387.
23. 參McClendon, Jr., "Baptist As a Performative Sign," 414；McClendon, Jr., *Doctrine*, 387。
24. McClendon, Jr., *Doctrine*, 386.
25. McClendon, Jr., *Ethics*, 267; 參McClendon, Jr., *Doctrine*, 387。
26. McClendon, Jr., *Doctrine*, 387.
27. McClendon, Jr., *Ethics*, 267.
28. McClendon, Jr., *Doctrine*, 387.
29. McClendon, Jr., *Ethics*, 267.
30. McClendon, Jr., *Doctrine*, 329.
31. McClendon, Jr., *Doctrine*, 387.
32. McClendon, Jr., *Ethics*, 267.
33. McClendon, Jr., *Ethics*, 267.
34. McClendon, Jr., *Ethics*, 267.
35. McClendon, Jr., *Ethics*, 268.
36. McClendon, Jr., *Ethics*, 268.
37. McClendon, Jr., *Doctrine*, 401.

38. McClendon, Jr., *Doctrine*, 386.
39. 麥乾頓指出主餐是關於**寬恕**（forgiveness），與基督及其他人彼此**成為一體**（solidarity with Christ and with one another），主餐也是**感恩的**筵席（thanksgiving meal）和**終末的**筵席（eschatological meal）。參 McClendon, Jr., *Doctrine*, 401。
40. McClendon, Jr., *Ethics*, 220.
41. McClendon, Jr., *Ethics*, 218.
42. McClendon, Jr., *Ethics*, 219.
43. McClendon, Jr., *Ethics*, 219.
44. McClendon, Jr., *Ethics*, 219.
45. McClendon, Jr., *Ethics*, 219.
46. McClendon, Jr., *Doctrine*, 401.
47. McClendon, Jr., *Doctrine*, 401.
48. McClendon, Jr., *Doctrine*, 402.
49. McClendon, Jr., *Ethics*, 219.
50. McClendon, Jr., *Doctrine*, 402.
51. McClendon, Jr., *Doctrine*, 402.
52. McClendon, Jr., *Doctrine*, 402.
53. McClendon, Jr., *Ethics*, 219.
54. McClendon, Jr., *Ethics*, 219.
55. McClendon, Jr., *Ethics*, 219.
56. McClendon, Jr., *Doctrine*, 403.
57. McClendon, Jr., *Doctrine*, 403.
58. McClendon, Jr., *Doctrine*, 403.
59. McClendon, Jr., *Doctrine*, 403.
60. McClendon, Jr., *Doctrine*, 403.
61. McClendon, Jr., *Doctrine*, 403.
62. McClendon, Jr., *Doctrine*, 404.
63. McClendon, Jr., *Doctrine*, 404.
64. McClendon, Jr., *Doctrine*, 404.

65. McClendon, Jr., *Doctrine*, 404.
66. McClendon, Jr., *Doctrine*, 404.
67. McClendon, Jr., *Doctrine*, 405.
68. McClendon, Jr., *Doctrine*, 405.
69. McClendon, Jr., *Doctrine*, 405.
70. 參 McClendon, Jr., *Doctrine*, 405。
71. McClendon, Jr., *Doctrine*, 405.
72. McClendon, Jr., *Doctrine*, 405.
73. 這種看法跟加爾文的觀點如出一轍。參 Brian Albert Gerrish, *Grace and Gratitude: The Eucharistic Theology of John Calvin* (Edinburgh: T & T Clark, 1993)。

第三章　宣講

被召原為宣講——閱讀威廉蒙討論巴特宣講召命的札記

1. William H. Willimon, *Conversations with Barth on Preaching* (Nashville: Abingdon, 2006).
2. William H. Willimon, *Pastor: The Theology and Practice of Ordained Ministry* (Nashville: Abingdon, 2002).
3. Willimon, *Pastor*, 142.
4. Willimon, *Conversations with Barth on Preaching*, 240.
5. Karl Barth, *Church Dogmatics*, trans. G. W. Bromiley, ed. G. W. Bromiley and T. F. Torrance （Edinburgh: T&T Clark, 1975）, I/1, chap. 1, §4 .
6. Willimon, *Conversations with Barth on Preaching*, 240.
7. Willimon, *Conversations with Barth on Preaching*, 240.
8. Willimon, *Conversations with Barth on Preaching*, 240.
9. Willimon, *Conversations with Barth on Preaching*, 240. 威廉蒙引自Karl Barth, *Karl Barth's Table Talk*, ed. J. D. Godsey (Edinburgh and London: Oliver & Boyd, 1963), 196。
10. Willimon, *Conversations with Barth on Preaching*, 240.

11. Willimon, *Conversations with Barth on Preaching*, 240.
12. Willimon, *Conversations with Barth on Preaching*, 240.
13. Willimon, *Conversations with Barth on Preaching*, 241.
14. Willimon, *Conversations with Barth on Preaching*, 244.
15. Willimon, *Conversations with Barth on Preaching*, 241.
16. Willimon, *Conversations with Barth on Preaching*, 242. 因此，威廉蒙喜用“preaching”多於“proclamation”。但本文所用「宣講」一語並不只是傳令宣告的意思。
17. Willimon, *Conversations with Barth on Preaching*, 242.
18. Willimon, *Conversations with Barth on Preaching*, 242.
19. Willimon, *Conversations with Barth on Preaching*, 242.
20. Willimon, *Conversations with Barth on Preaching*, 242.
21. Willimon, *Conversations with Barth on Preaching*, 242.
22. Willimon, *Conversations with Barth on Preaching*, 244.
23. Willimon, *Conversations with Barth on Preaching*, 244.
24. Willimon, *Conversations with Barth on Preaching*, 245.
25. Willimon, *Conversations with Barth on Preaching*, 245.
26. Willimon, *Conversations with Barth on Preaching*, 244～245.
27. Willimon, *Conversations with Barth on Preaching*, 248.
28. Willimon, *Conversations with Barth on Preaching*, 248.
29. Barth, CD, I/1, 399, quoted in Willimon, *Conversations with Barth on Preaching*, 250.
30. Willimon, *Conversations with Barth on Preaching*, 250.
31. Willimon, *Conversations with Barth on Preaching*, 250.
32. Willimon, *Conversations with Barth on Preaching*, 250.
33. Willimon, *Conversations with Barth on Preaching*, 250.
34. Willimon, *Conversations with Barth on Preaching*, 250.
35. 由此我們可以由聖經各書卷不同的文學體裁或措詞行為（locutionary act），以及語內表現行為（illocutionary act），進而談及講道中依據聖經各書卷不同的文學體裁或措詞行為，以及語內表現行為來進行，以實踐及達至成文話語規範宣講話語、講道的修辭依據聖經的語言這一看法，並由此而生出相應的語外表現行為（perlocutionary act）：塑造、形成一個語言世界——教會的世界。這是借用言說行動理論來幫助我們理解成文話語及宣講話語。

36. Willimon, *Conversations with Barth on Preaching*, 250.
37. Willimon, *Conversations with Barth on Preaching*, 252.
38. Willimon, *Conversations with Barth on Preaching*, 252.
39. Willimon, *Conversations with Barth on Preaching*, 253.
40. Willimon, *Conversations with Barth on Preaching*, 253.
41. Willimon, *Conversations with Barth on Preaching*, 254.
42. Willimon, *Conversations with Barth on Preaching*, 256.
43. Willimon, *Conversations with Barth on Preaching*, 256.
44. Willimon, *Conversations with Barth on Preaching*, 264.
45. Willimon, *Conversations with Barth on Preaching*, 258.
46. Willimon, *Conversations with Barth on Preaching*, 258.
47. Willimon, *Conversations with Barth on Preaching*, 262.
48. Willimon, *Conversations with Barth on Preaching*, 263.
49. Willimon, *Conversations with Barth on Preaching*, 263.
50. 筆者初步認為巴特對宣講的看法是康德的（Kantian）超越式的，即上帝的話語單方面地、超越地決定宣講的話語。威廉蒙的修正則靠近海德格（Martin Heidegger）的互相隸屬義，即上帝的話語跟人的話語是互相隸屬的關係，使得宣講的話語是在那披戴了人話語的上帝話語底下述說出來，而這人的話語與上帝的話語是相應的 。

後記

1. 齊澤克：〈咪齋做，要講！〉，阿野、朱凱迪譯，見 http://inmediahk.net/node/1001296，瀏覽於二〇〇九年八月十一日。

讀者意見表

緊扣時代 服事教會

以文字傳揚基督真道

衷心多謝你購買本社書籍。本社一直致力以出版事工服事教會，幫助信徒扎根於神的話語，促進靈命增長。為使我們的出版更能滿足你的需要，請填寫下列各項資料，並寄回或傳真予本社。

所購書籍：＿＿＿＿＿＿＿＿＿＿＿＿

本書最吸引你的地方：

□作者 □適切性 □文筆 □設計 □實用性

□其他：＿＿＿＿＿＿＿＿＿＿＿＿

購買本書地點：

□基道書樓 □基督教書店 □非基督教書店

性別：□男 □女 職業：＿＿＿＿＿＿

信仰：□基督徒 □非基督徒

年齡：□ 16 歲或以下 □ 17～25 歲 □ 26～35 歲
□ 36～55 歲 □ 56 歲或以上

學歷：□中三或以下 □中五 □預科
□大學 □研究院

□我欲更多了解基道出版社的事工及考慮支持，請寄給我下列資料：
□機構簡介 □新書資料 □基道會員通訊
□《基道文字事工通訊》

姓名：＿＿＿＿＿＿＿＿＿＿電話：＿＿＿＿＿＿

地址：＿＿＿＿＿＿＿＿＿＿＿＿＿＿＿＿

＿＿＿＿＿＿＿＿＿＿＿＿＿＿＿＿

傳真：＿＿＿＿＿＿ 電子郵件：＿＿＿＿＿＿

其他意見：＿＿＿＿＿＿＿＿＿＿＿＿＿＿

＿＿＿＿＿＿＿＿＿＿＿＿＿＿＿＿＿＿＿＿

多謝賜教！

基道出版社

意見表可以傳真（2687-0281）或直接郵寄以下地址：
香港沙田火炭坳背灣街26號富騰工業中心1011室
基道出版社編輯部收